DE LA GÉNÉRATION
ET DE LA CORRUPTION

DU MÊME AUTEUR

À la même librairie

– *Métaphysique*, introduction, traduction et notes de J. Tricot, 2 vol., 320 et 352 pages (*editio minor*).
– *Métaphysique*, édition refondue avec commentaire, 2 vol., LVIII et 768 pages (*editio major*).
– *Éthique à Nicomaque*, introduction, traduction et notes de J. Tricot, 540 pages.
– *Éthique à Eudème*, introduction, traduction et notes de V. Decarie, 240 pages.
– *De l'Âme*, introduction, traduction et notes de J. Tricot, XX et 238 pages.
– *Histoire des animaux*, introduction, traduction et notes de J. Tricot, 780 pages.
– *La Physique*, introduction de L. Couloubaritsis, traduction et notes de A. Stevens, 336 pages.
– *La Politique*, introduction, traduction et notes de J. Tricot, 98 pages.
– *Les Économiques*, introduction, traduction et notes de J. Tricot, 80 pages.
– *Les Météorologiques*, introduction, traduction et notes de J. Tricot, XVII-230 pages.
– *L'Organon*, *traité de logique*, introduction, traduction et notes de J. Tricot :
   Tome I-II : *Catégories. De l'interprétation*, 176 pages.
   Tome III : *Les Premiers Analytiques*, VIII-336 pages.
   Tome IV : *Les Seconds Analytiques*, X-252 pages.
   Tome V : *Topiques*, 368 pages.
   Tome VI : *Les Réfutations sophistiques*, X-156 pages.
– *Parva Naturalia* suivi du traité pseudo-aristotélicien *De Spiritu*, introduction, traduction et notes de J. Tricot, 196 pages.
– *Sur la Nature. Physique II*, introduction, traduction et notes de L. Couloubaritsis, 160 pages.
– *Traité du Ciel*, suivi du traité pseudo-aristotélicien *De Spiritu*, introduction, traduction et notes de J. Tricot, 224 pages.

BIBLIOTHÈQUE DES TEXTES PHILOSOPHIQUES

Fondateur H. GOUHIER   Directeur J.-F. COURTINE

ARISTOTE

DE LA GÉNÉRATION
ET DE LA CORRUPTION

de Generatione et Corruptione

Traduction et notes
par
J. TRICOT

PARIS
LIBRAIRIE PHILOSOPHIQUE J. VRIN
6, Place de la Sorbonne, V e
2005

© *Librairie Philosophique J. VRIN*, 2005

Imprimé en France

ISBN 2-7116-0011-4

www.vrin.fr

À Monsieur A. Diès
Correspondant de l'Institut
Professeur à la Faculté des Lettres d'Angers
en respectueux et reconnaissant hommage

Jules Tricot

INTRODUCTION

PLACE DU *DE GENERATIONE ET CORRUPTIONE* DANS L'ŒUVRE D'ARISTOTE

LA CLASSIFICATION GÉNÉRALE DES SCIENCES

La conception de l'unité de la science [ἐπιστήμη] paraît étrangère à Aristote. Il existe, en fait, une variété de sciences, correspondant à la variété des genres dont elles traitent. Elles composent toutefois des groupements naturels et peuvent se ranger en trois classes. Aristote est ainsi conduit à distinguer la science *pratique*, la science *poétique* et la science *théorétique*[1].

La science *pratique* [ἐπ. πρακτική] considère les actions de l'homme [πράξεις] relevant de la προαίρεσις. La πρᾶξις est une activité qui ne produit aucune œuvre distincte de l'*agent* lui-même et qui n'a d'autre fin que l'action intérieure, l'*eupraxie*[2]. Mais la science de l'action, qu'elle soit Éthique,

---

1. Le texte principal est *Métaphysique* [désormais cité *Metaph.*], E, 1, 1025 b 18 *sq.* (= K, 7). Voir aussi *Topiques* [désormais cité *Top.*], VI, 145 a 15 et *Éthique à Nicomaque* [désormais cité *Eth. Nic.*], VI, 2, 1139 a 27.
2. *Eth. Nic.*, VI, 5, 1140 b 6.

Économique ou Politique, n'est en réalité qu'une φρόνησις; elle n'est pas une science proprement dite et elle mérite plutôt le nom général de « discipline ».

La science *poétique* [ἐπ. ποιητική] est science de la production; elle a pour objet la réalisation d'une œuvre extérieure à l'*artiste* : cette œuvre est la ποίησις. La science poétique est essentiellement une τέχνη, une δύναμις, et, pas plus que la précédente, elle n'est véritablement une science.

Enfin, la science *théorétique* [ἐπ. θεορητική] a pour objet la contemplation [θεωρία] de la vérité, la spéculation désintéressée[1], indépendamment de toute fin utilitaire ou morale, en un mot l'exercice de la pensée pure. Elle est sapience [σοφία], philosophie [φιλοσοφία] au sens large, science par excellence. Elle aboutit, non plus à une approximation, mais à la rigueur et à la certitude parfaites. Aristote ne la définit nulle part, tant sa notion lui semble claire et allant de soi; il se contente de dire qu'elle n'est ni pratique, ni poétique.

CLASSIFICATION DES SCIENCES THÉORÉTIQUES

Les sciences théorétiques se divisent, à leur tour, d'après la nature de leur objet, et le degré de réalité de cet objet détermine le rang et la dignité qu'elles occupent dans la hiérarchie de la connaissance pure. Nous avons ainsi, dans l'ordre de perfection, et aussi de difficulté croissante : la *Mathématique*, la *Physique* et la *Métaphysique*.

La Mathématique, qui présente le type parfait de l'exactitude scientifique, n'étudie pourtant que la partie la plus irréelle

---

1. *Metaph.*, A, 1, 980 a 21 *sq.*

de l'être. Elle ne traite pas des substances, même sensibles, mais seulement d'une simple détermination des substances sensibles, savoir la *quantité*, soit continue, soit discontinue. Les nombres de l'Arithmétique, les points, les lignes, les surfaces et les solides de la Géométrie, qu'Aristote, à la suite de Platon, désigne sous la dénomination générale de μαθημα- τικά, sont ainsi les formes immobiles, mais vides, des corps naturels, dont elles ne peuvent être séparées que par une abstraction logique[1]. L'objet de la Mathématique n'est donc ni une substance, car une substance possède l'existence séparée, ni un élément de la substance, car de pures déterminations quantitatives ne peuvent entrer dans la constitution des natures sensibles.

La *Physique*, prise au sens général, fait porter son examen sur des natures plus réelles, et, à ce titre, elle occupe un rang plus élevé que la *Mathématique*. Ce rang serait même le plus haut, si, au-dessus d'elle, ne se trouvait la Métaphysique ou Philosophie première[2]. La Physique est donc seulement une Philosophie seconde; elle traite de la substance matérielle, mais c'est là son objet le moins ordinaire; elle étudie surtout la substance formelle en tant que celle-ci est engagée dans la matière, autrement dit la substance sensible, le σύνολον, com- posé indivisible de forme et de matière, dont le type est le camus[3]. – Les substances sensibles, qu'elles soient générables et corruptibles (tels les corps du monde sublunaire) ou éter-

1. Cf. *Metaph.*, M, 3, tout entier.
2. Cf. *Metaph.*, E, 1, 1026 a 27.
3. Cf. Bonitz, *Index aristotelicus*, 680 a 40. Cf. aussi *Physique* [désormais cité *Phys.*], II, 2, 194 a 12-15, et Mansion, *Introduction à la Physique aristotélicienne*, p. 71.

nelles (les Corps célestes), sont douées de l'existence séparée, mais, à la différence des formes pures de la Mathématique, elles ne sont pas immobiles : elles possèdent en elles un principe de repos et de mouvement, une tendance naturelle au changement, et ce principe, c'est la « nature » même du corps. C'est donc par rapport au mouvement, et non en tant qu'elles existent, que la Physique les étudiera et qu'elle déterminera leurs propriétés.

La *Métaphysique*, enfin, ou *Philosophie première*, occupe le sommet de la hiérarchie des sciences théorétiques, en raison de l'absolue réalité de son objet, qui est la forme pure, immobile, éternelle et séparée [1]. Son domaine est l'être, dans sa plénitude, l'être en tant qu'être, qui échappe à toute relation, et non pas seulement une partie déterminée et limitée de l'être, Elle est première en ce qu'elle étudie la première espèce de l'être, substance simple et acte pur, et, comme cet être est l'ἀρχή, le fondement de toutes les autres réalités, elle est universelle en même temps que première. Et, puisque le degré de réalité d'un être est mesuré par son actualisation, l'acte pur est seul absolument réel, car il ne renferme aucune puissance. Il en résulte qu'en définitive, Dieu, forme séparée, individu éternel et parfait, sera l'objet même de la Métaphysique, qui mérite ainsi d'être appelée *Théologie* [ἐπ. θεολογική], et dont toutes les autres sciences dépendent.

En résumé, la Mathématique étudie la forme immobile et non séparée du sensible ; la Physique, la forme mobile et non

---

1. *Metaph.*, E, 1, 1026 a 10, 16, 27-31.

séparée; la Métaphysique, enfin, la forme qui est à la fois immobile et séparée.

LES ÉCRITS PHYSIQUES ET LE *DE GENERATIONE ET CORRUPTIONE*

Aristote a lui-même pris soin, au début des *Météorologiques*[1], de souligner l'unité qui règne dans ses ouvrages consacrés à l'étude de la nature. L'ordre logique (qui n'est pas toujours l'ordre chronologique) est le suivant :

1) La *Physique* [φυσικὴ ἀκρόασις], en huit livres. – Son objet est très général. Après avoir établi, dans les deux premiers livres, l'existence du devenir et défini la nature comme le principe du mouvement, Aristote détermine le nombre et le rôle des principes et des causes. Les livres suivants (III à VIII), que le Stagirite désigne souvent sous le nom de περὶ κινήσεως traitent du mouvement lui-même, ou, plus exactement, du changement selon les différentes catégories (génération et corruption, altération, accroissement et décroissement), ainsi que des notions dérivées telles que l'infini, le lieu, le vide et le temps. Le dernier livre, enfin, en démontrant l'existence d'un Premier Moteur immobile suprasensible, constitue une conclusion métaphysique aux spéculations sur la nature en général, conclusion d'ailleurs incomplète, mais que parachèvera Aristote quand, au livre Λ de la *Métaphysique*, il prouvera que ce Premier Moteur est Pensée.

2) Le *de Coelo* [περὶ οὐρανοῦ], en quatre livres, vient immédiatement après la *Physique*. Son domaine, à la fois plus spécial et plus restreint, ne comprend que l'étude du mouve-

1. I, 1, 338 a 20-339 a 9.

ment de translation dans les Corps célestes et dans les corps sublunaires. – Les livres I et II traitent des substances sensibles éternelles, dont l'élément est l'Ether: le premier Ciel, les étoiles, les sphères planétaires et les planètes, dont l'ensemble compose le Ciel proprement dit. Tous ces corps sont sensibles, et, à ce titre, leur élément, l'Ether, cet un σύνολον de forme et de matière, la matière étant toutefois ici pure potentialité, possibilité de passer d'un lieu à un autre [ὕλη πόθεν ποῖ ou ὕλη τοπική]. Le mouvement de l'Ether est le mouvement circulaire éternel. – C'est aussi dans le *de Coelo* qu'Aristote expose son système astronomique, assez voisin de celui d'Eudoxe et de celui de Callipe : il le reprendra dans le chapitre 8 du livre Λ de la *Métaphysique*.

Les livres III et IV ont pour objet le monde sublunaire. Aristote y définit les quatre éléments (Terre, Eau, Air, Feu), pris uniquement dans leurs rapports avec le mouvement de translation rectiligne, suivant le haut et le bas.

3) Nous arrivons ainsi au court, mais substantiel traité *de Generatione et Corruptione* [περὶ γενέσεως καὶ φθορᾶς], qui est le complément des deux derniers livres du *de Coelo*. Nous n'en dirons qu'un mot pour le moment, nous réservant de fournir des éclaircissements supplémentaires dans les notes qui accompagneront notre traduction.

Le *de Generatione et Corruptione* continue, en ses deux livres, l'étude des corps sublunaires. La γένεσις et le φθορά sont leurs propriétés essentielles. Aristote, au cours du livre I, distingue d'abord ces παθὴ des autres changements (altération, accroissement et décroissement), et définit leurs causes. Il examine ensuite la nature de leur sujet, petit terme de la démonstration apodictique et dont la génération et la corruption sont des attributs. Quel est donc ce sujet? Ce sont tous les corps naturels [φυσικὰ σώματα], mais, en fait, Aristote a limité son exposé aux « corps simples » c'est-à-dire aux quatre éléments, et à leurs premiers composés, les *homéomères*. Ces homéomères résultent du *mélange* des éléments ; on devra donc définir la mixtion, et, préalablement, les conditions auxquelles elle se réalise et qui sont le *contact* et l'*action-passion*.

Le livre II est consacré en grande partie à une étude approfondie des quatre éléments, de leur nature et de leurs transformations réciproques. Il se termine (chapitres 9-11) par une discussion des causes de la génération et de son mouvement circulaire.

4) Les trois livres composant le *de Anima* [περὶ ψυχῆς] rentrent aussi dans la science générale de la nature, qui marque ainsi un nouveau progrès dans sa marche au concret. – L'âme, en effet, est la forme du corps, non pas sans doute, comme Aristote a soin de le faire remarquer, l'âme toute entière, « du moins cette partie de l'âme qui fait que l'animal est tel » [1]. À ce titre, l'âme répond à la définition du *camus* : elle est engagée dans le sensible comme la substance formelle des corps naturels se réalise dans la matière. C'est donc légitimement qu'Aristote passe de l'étude des φυσικὰ σώματα à celle des ἔμψυχα, et sa théorie générale de la vie apparaît comme le couronnement de toute sa philosophie de la nature [2].

---

1. *De Partibus Animalium*, I, 1, 641 a 17.
2. Nous laissons de côté, à dessein, les *Météorologiques*, en 4 livres, qui doivent prendre rang entre le *de Generatione et Corruptione* [désormais cité *de Gen.*] et le *de Anima*, ainsi que d'autres traités secondaires tels que les *Parva naturalia*, l'*Historia Animalium*, le *de Partibus Animalium*, le *de Incessu*

LES MANUSCRITS DU *DE GENERATIONE ET CORRUPTIONE*

On trouvera toutes les indications utiles dans la *préface* du professeur Harold H. Joachim à son édition du traité. Les principaux manuscrits sont le *Parisiensis* (sigle E), le *Laurentianus* (F), le *Vaticanus* 1027 (H), le *Vaticanus* 253 (L), l'*Ambrosianus* F 113 (Db) et le *Vindobonensis* (J). Prantl, que nous suivons en règle générale pour des raisons de commodité et bien que son texte appelle de sérieuses réserves, a suivi surtout l'autorité de E, et il a ignoré J, récemment découvert.

CARACTÈRES DE CETTE TRADUCTION

À notre connaissance, la seule traduction française du *de Generatione et Corruptione* est celle de Barthélémy Saint-Hilaire. Elle ne mérite aucun crédit et ne nous a été d'aucun secours dans notre travail. Nous ne la citons, dans notre bibliographie, que pour mémoire.

Nous nous sommes inspiré des principes qui nous ont déjà guidé dans notre traduction de la *Métaphysique*. Tout en suivant le texte de près, nous n'avons pas cru devoir nous contenter d'une version littérale qui eût été à peu près inintelligible. Nous avons dû, à maintes reprises, dégager la pensée d'Aristote, soit en ajoutant des mots explicatifs, soit en signalant dans des notes les modifications que nous proposions ou rejetions. Dans la mesure où nous nous écartons du mot-à-mot, il est évident que notre traduction constitue une interprétation.

Animalium, etc. ... qui devraient être étudiés à la suite du *de Anima*. Mais notre exposé est général et sommaire, et nous pouvons, sans inconvénient, les passer sous silence.

Telle quelle, nous pensons toutefois qu'elle reproduit aussi
fidèlement que possible la pensée du Stagirite.

Le lecteur trouvera ci-après une bibliographie sommaire
des textes et des ouvrages que nous avons utilisés. L'*Index
aristotelicus* de Bonitz, les commentaires de Jean Philopon, de
Saint Thomas d'Aquin, de Pacius et du professeur Joachim ont
été mis largement à contribution. Nous sommes enfin heureux
de remercier M. A. Diès, correspondant de l'Institut, professeur aux Facultés catholiques de l'Ouest, notre ancien maître,
à qui nous avons soumis notre travail, et qui nous a épargné
bien des fautes et des inexactitudes. Qu'il consente à trouver
ici l'expression de toute la reconnaissance du traducteur.

Jules TRICOT

BIBLIOGRAPHIE

TEXTES DU *DE GENERATIONE ET CORRUPTIONE*

La présente traduction a été faite sur les textes suivants :

Aristotelis opera, éd. Bekker, Berlin, 1831, texte grec, 2 vol. [les références de l'éd. Bekker figurent en marge de notre traduction].

Aristotelis... de Generatione et Corruptione, éd. Prantl, Leipzig, 1881 (coll. Teubner).

Aristotle, de Generatione et Corruptione, texte et commentaire de Harold H. Joachim, Oxford, 1922.

[En raison de sa commodité, nous avons suivi le texte de Prantl, mais nous avons fréquemment adopté les leçons proposées par Joachim, en signalant dans nos notes les variantes les plus importantes.].

PRINCIPAUX OUVRAGES CONSULTÉS

ALEXANDRE D'APHRODISE, *In Aristotelis Metaphysica commentaria*, éd. M. Hayduck, Berlin, 1891.

– *Quaestiones. De Fato. De Mixtione*, éd. Ivo Bruns, Berlin, 1892.

BARTHÉLÉMY SAINT-HILAIRE J., *Traité de la Production et de la Destruction des choses d'Aristote*, Paris, 1866 [traduction française très inexacte].

BONITZ H., *Metaphysica*, texte et commentaire latin, Bonn, 1848-1849, 2 vol.

BOUTROUX É., *Aristote*, dans *Études d'Histoire de la Philosophie*, Paris, 1897.

BROCHARD V., *Études de Philosophie ancienne et de Philosophie moderne*, Paris, 1912.

BURNET J., *L'Aurore de la Philosophie grecque*, trad. fr., Paris, 1919.

CARTERON H., *La Notion de force dans le système d'Aristote*, Paris, 1924.

– *La Physique d'Aristote*, texte et trad. fr., Paris, 1926-1931, 2 vol.

CHEVALIER J., *La notion du nécessaire chez Aristote et chez ses prédécesseurs*, Paris, 1915.

DIELS H., *Die Fragmente der Vorsokratiker*, 3ᵉ éd., Berlin, 1912.

DIÈS A., *Autour de Platon*, Paris, 1926, 2 vol.

DUHEM P., *Le Système du Monde*, I, Paris, 1914.

GOMPERZ Th., *Les Penseurs de la Grèce*, t. III, trad. fr., Paris et Lausanne, 1910.

HAMELIN O., *Aristote. Physique II*, traduction et commentaire, Paris, 1907.

– *Essai sur les Éléments principaux de la Représentation*, Paris, 1907 ; 2ᵉ éd. avec notes, 1925.

– *Le Système d'Aristote*, Paris, 1920.

HICKS R.-D., *Aristotle, de Anima*, texte, traduction et commentaire, Cambridge, 1907.

JAEGER W., *Aristoteles*, Berlin, 1923.

JOACHIM H. H., *Aristotle, de Generatione et Corruptione*, texte et commentaire, Oxford, 1922.

– *The Works of Aristotle, translated into English*, t. II, *de Generatione et Corruptione*, par H. H. Joachim.

MANSION A., *Introduction à la Physique Aristotélicienne*, Paris et Louvain, 1913.

– « La Genèse de l'œuvre d'Aristote d'après les travaux récents », *Revue néo-scolastique de Philosophie*, 1927, p. 307-341, 423-466.

– «Bulletin de littérature aristotélique», *Revue néo-scolastique de Philosophie*, 1928, p. 82-116, et années suivantes.

PACIUS J., *Aristotelis de Coelo libri III, de Ortu et Interitu libri II*, texte, traduction latine et notes, Francfort, 1601.

PHILOPON J., *In Aristotelis libros de Generatione et Corruptione*, éd. Vitelli, Berlin, 1897.

– *In Aristotelis Physica commentaria*, éd. Vitelli, Berlin, 1887-1888.

PIAT Cl., *Aristote*, 2ᵉ éd., Paris, 1912.

RAVAISSON F., *Essai sur la Métaphysique d'Aristote*, 2ᵉ éd., Paris, 1913, 2 vol.

RITTER et PRELLER, *Historia Philosophiae graecae*, 9ᵉ éd., Gotha, 1913.

RIVAUD A., *Le Problème du Devenir et la notion de Matière dans la Philosophie grecque, depuis les origines jusqu'à Théophraste*, Paris, 1906.

ROBIN L., *La Théorie platonicienne des Idées et des Nombres, d'après Aristote*, Paris, 1908.

– *Études sur la signification et la place de la Physique dans la Philosophie de Platon*, Paris, 1919.

– *La Pensée grecque et les origines de l'esprit scientifique*, Paris, 1923.

RODIER G., *La Physique de Straton de Lampsaque*, Paris, 1890.

– *Aristote, Traité de l'Âme*, texte, traduction et commentaire, Paris, 1900, 2 vol.

– *Études de Philosophie grecque*, Paris, 1923.

ROSS G. R. T., *Aristotle de Sensu et de Memoria*, texte, traduction et commentaire, Cambridge, 1906.

ROSS W. D., *Aristotle's Metaphysics*, texte et commentaire, Oxford, 1924, 2 vol.

– *Aristote*, trad. fr., Paris, 1929.

SIMPLICIUS, *In Aristotelis Physica commentaria*, éd. H. Diels, Berlin, 1882-1895.

TANNERY P., *Pour l'Histoire de la science hellène*, 2ᵉ éd. (A. Diès), Paris, 1930.

THÉON DE SMYRNE, *Des connaissances mathématiques utiles pour la lecture de Platon*, éd. J. Dupuis, Paris, 1892.

THÉOPHRASTE, *Metaphysica*, éd. Ross et Fobes, Oxford, 1929.

THOMAS D'AQUIN (saint), *Commentaria in libros Aristoteli, de Generatione et Corruptione*, éd. Fretté, t. XXIII, Paris, 1874.

– *In Metaphysicam Aristotelis Commentaria*, éd. Cathala, Turin, 1926.

– *In Aristotelis librum de Anima Commentarium*, éd. Pirotta, Turin, 1925.

TRICOT J., *Aristote. Métaphysique*, trad. fr. et notes, Paris, 1933, 2 vol.

WAITZ Th., *Aristotelis Organon graece*, Leipzig, 1844-1846, 2 vol.

ZABARELLA J., *De Generatione et Corruptione, et Meteorologica*, traduction latine et commentaire, Francfort, 1600.

– *De Rebus naturalibus*, Cologne, 1590.

LIVRE I

1

<La Génération et la Corruption distinguées de l'Altération. Critique particulière de la théorie d'Empédocle>

Étudions maintenant[1] la génération et la corruption des 314*a* êtres qui naissent et périssent naturellement[2], et déterminons, de la même façon pour tous, les causes et les raisons de ces processus[3]. Nous devons encore étudier l'accroissement et l'altération : quelle est leur nature respective ? Faut-il considérer l'altération comme étant d'une nature identique à la génération[4], ou bien sont-elles réellement séparées, tout 5 comme sont distinctes leurs dénominations ?

---

1. Le *de Gen.* est en connexion avec le *de Coelo* (μέν οὖν, IV, 6, 313 b 21).
2. Et non pas les *artefacta*, ni les actions humaines.
3. L'objet du traité, c'est la γένεσις et la φθορά en général, en tant qu'ils sont des παθή, des συμβεβηκότα καθ' αὐτά de tous les êtres naturels, sans aucune application particulière aux animaux et aux plantes. Les « causes » à déterminer sont les quatre causes générales : matérielle, efficiente, formelle et finale, et les « raisons » sont les raisons prochaines.
4. Autrement dit : faut-il nier la γένεσις ?

Parmi les anciens philosophes, les uns assurent que ce qu'on appelle la génération absolue[1] est une altération; les autres, que l'altération et la génération sont des choses différentes. En effet, ceux qui soutiennent que l'Univers est une seule substance, et qui engendrent toutes choses à partir d'un seul élément[2], ceux-là sont obligés d'admettre que la géné-
10   ration est une altération[3], et que ce qui est engendré, au sens propre[4] du terme, en fait est altéré; par contre, ceux qui posent

1. Aristote distingue la *generatio simpliciter* (γένεσις ἁπλῶς) et la *generatio secundum quid* (γένεσις τίς), l'une comme l'autre constituant des espèces du changement en général (μεταβολή). La γένεσις ἁπλῶς, c'est le changement καθ' οὐσίαν; les changements affectant les catégories de la quantité, de la qualité et du lieu rentrent dans la κίνησις, qui est une γένεσις τίς. Voici un tableau des différentes sortes de changements :

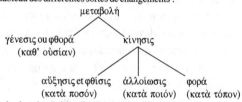

μεταβολή

γένεσις ου φθορά   κίνησις
(καθ' οὐσίαν)

αὔξησις et φθίσις   ἀλλοίωσις   φορά
(κατὰ ποσόν)   (κατὰ ποιόν)   (κατὰ τόπον)

Telle est la doctrine habituelle d'Aristote, affirmée dans de nombreux passages de la *Physique* (cf. notamment III, 1, 200 b 32; V, 1, *passim*) et de la *Métaphysique* (Z, 7, 1032 a 15; H, 2, 1042 b 8, etc.). Parfois cependant, Aristote applique l'expression γένεσις ου φθορά, par analogie, à toutes les catégories (cf. *infra*, I, 3, 319 a 14.17).

2. Thalès, l'eau, Anaximène, l'air, Anaximandre, l'ἄπειρον.

3. Ils sont obligés de l'admettre parce que tout changement n'est que la modification d'un élément primitif et unique. Les philosophes qui, au contraire, reconnaissent une multiplicité d'éléments, distinguent la γένεσις de l'ἀλλοίωσις, car la γένεσις est une union, et la φθορά, une séparation d'éléments multiples.

4. κυρίως *ipsam propriam ac primariam alicujus vocabuli nationem... significat* (Bonitz, *Index aristotelicus*, 416 a 56). L'équivalent latin est

en principe que la matière des choses est multiple, tels Empédocle, Anaxagore et Leucippe, pour ceux-là génération et altération sont une chose distincte. Cependant Anaxagore n'a pas compris le sens de ses propres paroles; il dit, en effet, que naître et périr, c'est la même chose qu'être altéré, alors que, d'autre part, à la façon d'autres philosophes, il reconnaît 15 la multiplicité des éléments[1]. Ainsi, pour Empédocle, les éléments corporels sont au nombre de quatre, tandis que, dans l'ensemble, y compris ceux qui impriment le mouvement, les éléments sont au nombre de six[2]. Par contre, pour Anaxagore, les éléments sont en nombre infini, et aussi pour Leucippe et Démocrite.

Anaxagore, en effet, pose comme éléments les homéo-mères[3], par exemple, l'os, la chair, la moelle et chacune des 20

principaliter (cf. Saint Thomas, *Commentaria in libros Aristotelis de Generatione et Corruptione* [désormais cité *Comm.*] , I, lect. 1, p. 269[2]).

1. Sur le sens de στοιχεῖον, qui a pour caractère l'immanence, par opposition à ἀρχή (principe) et à αἴτιον (cause), cf. *Phys.*, I, 1, 184 a 11, 14, 188 b 28, et surtout *Metaph.*, Δ, 3. Consulter aussi Diels, *Elementum*, et Rivaud, *Le Problème du Devenir...*, § 175 et 317. – Anaxagore mérite, en effet, une mention particulière : il admet la multiplicité des éléments, et pourtant il affirme l'identité de la génération et de l'altération. Il constitue cependant une exception apparente, car il a mal compris ce qu'il disait lui-même. Cf. fragment 17 Diels.

2. Les quatre éléments corporels (τὰ σωματικά) sont la terre, l'eau, l'air et le feu; les éléments qui impriment le mouvement (τὰ κινοῦντα), qu'Empédocle conçoit d'ailleurs aussi comme corporels, sont l'Amitié et la Haine. – Sur le système d'Empédocle, et d'une manière générale, sur les systèmes des philosophes antésocratiques, on consultera les ouvrages indiqués dans notre bibliographie, et, plus particulièrement, Robin, *La Pensée grecque*.

3. Aristote entend par *homéomères* les parties de même nature dans lesquelles l'analyse ne révèle jamais des éléments de nature diverse, et qui sont constitués à partir des quatre éléments unis dans une certaine proportion. Les homéomères, à leur tour, forment, par σύνθεσις, des ἀνομοιομερῆ ou ὄργανα,

autres choses dont la partie est synonyme du tout[1]; au contraire, Démocrite et Leucippe disent que c'est de corps indivisibles que sont constitués les composés, que ces indivisibles sont infinis en nombre et en formes, et que les composés diffèrent les uns des autres par les éléments dont ils sont constitués, ainsi que par la position et l'ordre de ces éléments[2].

25   Les doctrines de l'École d'Anaxagore apparaissent, en effet, comme diamétralement opposées à celles de l'École d'Empédocle : Empédocle dit[3] que le feu, l'eau, l'air et la terre sont les quatre éléments et qu'ils sont ainsi plus simples que la chair, l'os et les homéomères de cette sorte; les disciples d'Anaxagore disent, au contraire, que les homéomères sont des corps simples et des éléments, tandis que c'est la terre, le feu, l'eau et l'air qui sont des natures composées, car chacun

---

comme l'œil, la main, etc. … Dans le présent traité, Aristote a surtout en vue les homéomères, et ce n'est que d'une manière dérivée qu'il traite des anoméomères. – Quant à Ananxagore même, il est douteux qu'il emploie le terme d'homéomères (ὁμοιομέριαι). Sur ce point, cf. Burnet, *L'Aurore de la philosophie grecque*, p. 804 *sq.*

1. Le terme συνώνυμον signifie *synonyme*, *univoque*, au sens scolastique : les συνώνυμα sont les choses qui sont identiques en nature et en nom, qui sont contenues dans le même genre (καθ' ἕν, κατὰ μίαν ἰδέαν). À συνώνυμον s'oppose ὁμώνυμον, *homonyme*, *équivoque* : les ὁμώνυμον sont les choses qui n'ont de commun que le nom, sans aucun caractère essentiel commun, par exemple (*Eth. Nic.*, V, 1, 1179 a 30) κλείς, qui désigne à la fois une clef et la clavicule. Sur cette distinction, cf. *Categ.*, I, 1 a 1, Bonitz, *Index aristotelicus*, 514 a 40, Robin, *La Théorie platonicienne*, p. 606, n. 26, et p. 126, note 150-VII.

2. Sur l'atomisme de Démocrite et de Leucippe, cf. *Metaph.*, A, 4, 985 b 4-22, et les exposés de Rivaud, *Le Problème du devenir*, p. 141 *sq.*, et de Robin, *La Pensée grecque*, p. 185 *sq.* – Ce paragraphe constitue une simple parenthèse, qui interrompt la comparaison entre Empédocle et Anaxagore sur le nombre des éléments.

3. Cf. *de Coelo*, III, 3, 302 a 28-b 5.

d'eux serait une universelle réserve séminale de tous les 314*b*
homéomères[1].

Ainsi les philosophes qui construisent toutes choses à
partir d'un seul élément sont contraints de regarder la génération et la corruption comme une simple altération, car
toujours le sujet demeure identique et un : et c'est à un pareil
changement que nous donnons le nom d'altération. – Pour les
philosophes qui, au contraire, reconnaissent une multiplicité
de genres[2], l'altération diffère de la génération, car de l'union 5
et de la dissolution de ces genres résultent la génération et la
corruption. C'est pourquoi Empédocle s'exprime aussi de la
même manière[3], quand il dit que « il n'y a génération[4] de rien,
mais seulement mélange et dissociation[5] du mélange ». – Que
leur hypothèse fondamentale appelât cette notion de la génération, voilà donc qui est manifeste, et c'est nettement aussi 10

1. Autrement dit, les corps qu'Empédocle avait pris pour éléments sont,
pour Anaxagore, de vastes collections de toutes sortes de semences, et chacun
d'eux est une πανσπερμία. – Le mot πανσπερμία appartient à la terminologie
de Démocrite. Cf. *Phys.*, III, 4, 203 a 18-23 ; *de Coelo*, III, 3, 302 a 30 ; *de Anima*,
I, 2, 404 a 1-5.

2. γένη signifie ici « éléments » et n'a pas son sens habituel de genre. Saint
Thomas (*Comm.*, I, lect. 2, p. 272[1]) comprend très exactement *multa genera
principiorum materialium*.

3. « De la même manière » qu'Anaxagore. – Fragment 8 Diels
d'Empédocle.

4. φύσις signifie ici γένεσις. Cf. *Phys.*, II, 1, 193 b 12 : ἡ φύσις ἡ
λεγομένη ὡς γένεσις, et Plutarque, *Adv. Col.*, 1112 a. Voir aussi Robin, *La
Pensée grecque*, p. 123, et Tannery, *Pour l'Histoire de la science hellène*
[désormais cité *Pour l'Histoire*], 2ᵉ éd., p. 339.

5. διάλλαξις, dont le sens ordinaire est *échange*, a plutôt ici la signification de διάκρισις. Cf. Pseudo-Aristote, *de M.X.G.*, 975 b 15 ; Ross,
Commentaire sur la Métaphysique, I, 297.

celle qu'ils soutiennent[1]. Néanmoins ils sont dans l'obliga-
tion, eux aussi[2], de reconnaître que l'altération est une chose
distincte de la génération, bien que ce soit impossible à
concilier avec leurs propres doctrines.

Que nos critiques[3] soient justifiées, il est aisé de s'en
rendre compte. De même, en effet, que nous percevons,
dans une substance[4] qui demeure la même, un changement
selon l'étendue, changement qu'on appelle accroissement et
15   décroissement, de même aussi nous percevons l'altération.
Mais, en réalité, les raisonnements de ceux qui admettent une
multiplicité de principes rendent l'altération impossible. En
effet, les qualités d'après lesquelles nous disons[5] que l'altération se produit, sont < pour eux > les différences des éléments
(j'entends par ces qualités le chaud et le froid, le blanc et le
noir, le sec et l'humide, le mou et le dur, et ainsi de suite); et

1. Aristote veut dire : les philosophes qui définissent la γένεσις et la φθορά
comme une union et une séparation d'éléments restent en accord avec leur
hypothèse fondamentale de la multiplicité des éléments.

2. Comme Aristote lui-même.

3. Ce qui précède contient, en effet, une double critique : a) Les philosophes partisans de la multiplicité des éléments doivent admettre cependant que
l'altération diffère de la génération ; b) or cela est en désaccord avec leurs
propres doctrines. Aristote va prouver d'abord (l. 13-15) le premier point :
l'existence de l'altération est un fait ; puis le second (l. 15-26) : cette altération
est impossible à expliquer dans l'hypothèse d'une multiplicité d'éléments.

4. οὐσία signifie proprement *substance*. Mais ce terme est assez mal défini
chez Aristote. Il peut signifier soit la substance matérielle, soit la substance
formelle, ou essence, ou quiddité, soit enfin, comme dans le présent passage, le
σύνολον, le composé concret de matière et de forme. La substance première
(πρώτη οὐσία) est alors l'individu, le τόδε τι, le χωριστόν.

5. Aristote exprime ici sa propre doctrine, suivant laquelle tout changement se produit entre des contraires.

c'est ce qu'exprime Empédocle[1] : « Le Soleil blanc à voir et   20
chaud partout, la pluie partout sombre et froide »[2].

Et, de la même façon, il définit aussi les autres éléments[3].
Il en résulte que si < pour Empédocle > il n'est pas possible que
du feu naisse l'eau, ni de l'eau, la terre, rien non plus ne pourra
de blanc devenir noir, ni de mou, dur. Même raisonnement
aussi pour les autres qualités. Et c'est pourtant en cela que   25
consiste, disions-nous, l'altération[4].

Il s'ensuit évidemment qu'une matière unique doit
toujours être posée comme substance des contraires[5], qu'il
s'agisse soit d'un changement local, soit d'un changement par
accroissement ou décroissement, soit d'un changement par
altération. Il s'ensuit en outre que la nécessité de cette matière
va de pair avec celle de l'altération; car si le changement est
altération, alors le substrat sera un seul élément, et il y aura une   315 a
seule matière pour toutes les choses qui admettent un changement l'une dans l'autre; inversement, si le substrat est un,
alors le changement est altération[6].

---

1. À partir de cet endroit, la critique d'Aristote se précise; elle visera
exclusivement Empédocle jusqu'à la fin du chapitre.
2. Fragment 21, v. 3 et 5, Diels.
3. On pourrait traduire aussi *les autres qualités*.
4. Sur le sens de ἦν, l. 25, cf. Bonitz, *Index aristotelicus*, 220 a 45.
5. Lesquels contraires sont les termes de tout changement en général. – Le
terme ὕλη ne signifie pas rigoureusement matière; c'est plutôt le *sujet*, le
substrat (τὸ ὑποκείμενον) : il désigne le devenir sous toutes ses formes. Sur
l'histoire du terme, cf. Rivaud, *Le Problème du devenir*, p. 370 *sq.*, § 262 *sq.*
6. Si A devient B, A et B doivent être les modifications d'un seul sujet;
inversement, si A et B sont les modifications d'un seul sujet, le changement de
A en B est une altération (cf. Joachim, *Comm.*, p. 68).

Ainsi donc, Empédocle semble être en contradiction tant
avec les faits observés qu'avec lui-même. Car, en même temps
5 qu'il refuse d'admettre qu'aucun des éléments puisse naître
d'un autre, et prétend qu'au contraire ils sont des composants
de tout le reste, en ce même temps, ayant réuni en un seul tout
la nature entière à l'exception de la Haine, de cet Un, à
nouveau, il fait renaître toutes choses[1]. C'est donc manifestement à partir d'un certain Un que ceci devient eau, et cela,
feu, < les diverses portions de cet Un > étant séparées par
10 certaines différences et certaines qualités[2] comme, en fait,
Empédocle dit que le Soleil est blanc et chaud, et la Terre,
lourde et dure. Si donc ces différences viennent à disparaître
(et elles peuvent disparaître, puisqu'elles ont été engendrées),
il est évidemment nécessaire que la terre vienne de l'eau, et
l'eau, de la terre, et il en sera de même pour chacun des autres
éléments[3] (et cela, non pas seulement alors mais encore

---

1. L'Un, c'est le *Spherus* d'Empédocle. Le *Spherus* (Σφαῖρος) est l'état
de l'Univers caractérisé par l'unité absolue et dans lequel l'Amitié est à son
apogée. La dénomination de Spherus vient peut-être de l'Être sphérique
de Parménide. – Aristote expose ainsi la doctrine d'Empédocle. Les quatre
éléments sont éternels et ne peuvent se transformer l'un dans l'autre. Et
pourtant, Empédocle les réunit, sous l'action de l'Amitié, en un seul tout, le
Spherus; puis ce dernier, quand le règne de l'Amitié fait place au règne de la
Haine, se sépare de nouveau en les quatre éléments par une sorte de localisation
des qualités éparses dans le *Spherus*. L'interprétation d'Aristote est d'ailleurs
tendancieuse (cf. Joachim, *Comm.*, p. 68).

2. Un génitif absolu de même nature se rencontre, *Metaph.*, A, 9, 990 b 14 :
νοεῖν τι φθαρέντος, *i.e.* νοεῖν τι φθαρέν (Bonitz, *Metaph.*, 111).

3. Ce qui est contraire à l'éternité et à la séparation absolue des éléments
postulée par Empédocle.

maintenant)[1], puisqu'ils changent dans leurs qualités. Et, 15
d'après les paroles mêmes d'Empédocle, ces qualités sont
susceptibles de survenir aux choses et d'en être de nouveau
séparées, alors surtout que la Haine et l'Amitié sont encore en
lutte l'une contre l'autre[2]. C'est pourquoi aussi[3], à ce moment-
là, on peut dire que de l'Un furent *engendrés* les éléments, car
le feu, la terre et l'eau n'existaient certes plus quand le Tout fut
devenu un[4].

On ne voit pas bien non plus si c'est l'Un qu'il faut 20
regarder comme étant le principe[5] d'Empédocle, ou si c'est le
multiple, je veux dire le feu, la terre et les corps de la même
série. En effet, en tant que l'Un est pris comme matière et
substrat, à partir duquel la terre et le feu sont engendrés par un
changement dû au mouvement[6], l'Un est principe ; mais en
tant que l'Un résulte de l'association d'éléments multiples qui
se réunissent tandis que ceux-ci proviennent de la dissociation,
ces éléments sont plus principes que l'Un et antérieurs à lui par 25
leur nature.

1. « Alors », c'est la période où la Haine a pris la place de l'Amitié et détruit
l'unité du *Spherus*. « Maintenant », c'est la période actuelle où la Haine règne.
2. La désintégration du *Spherus* et la séparation des qualités a eu pour cause
le conflit de l'Amitié et de la Haine. Ce conflit subsistant encore, les qualités
peuvent donc de nouveau être ajoutées ou séparées.
3. C'est-à-dire : grâce au conflit de l'Amitié et de la Haine.
4. C'est-à-dire : le feu, la terre et l'eau n'étaient pas à l'état distinct, noyés
qu'ils étaient dans une unité indifférenciée.
5. L. 20, nous lisons αὐτῷ, avec Joachim.
6. La δίακρισις, produite par la Haine.

2
< Critique de la divisibilité et de l'indivisibilité absolues.
Critique de la théorie atomiste >

Nous devons donc traiter d'abord, d'une façon générale, de la génération et de la corruption absolues : existent-elles, ou non, et, < si elles existent >, de quelle manière ? Nous devons traiter aussi des autres mouvements simples[1], comme l'accroissement et l'altération. – Platon[2], en effet, a fait porter
30 seulement son examen sur la génération et la corruption, et la façon dont elle se produit dans les choses ; encore ne s'agit-il pas de toute génération, mais seulement de celle des éléments. Quant au mode de génération des chairs, ou des os, ou de quelque autre homéomère de cette sorte, il n'en parle pas. Il n'examine pas davantage, en ce qui concerne l'altération et l'accroissement, de quelle façon elles se produisent dans les choses.

Personne, en somme, à propos d'aucun de ces problèmes,
35 n'est allé plus loin que la surface, si ce n'est Démocrite. Celui-ci, en effet, ne s'est pas contenté, semble-t-il, de les envisager
315 *b* tous ; il se distingue tout de suite dans sa façon de les poser[3]. En effet, en ce qui concerne l'accroissement, aucun des autres

---

1. Nous adoptons la lecture de Bekker et de Prantl, et lisons περὶ τῶν ἄλλων ἁπλῶν κινήσεων, mais le texte est très douteux. Les « mouvements simples » dont il est ici question sont opposés aux mouvements composés. Cf. *de Coelo*, III, 3, 302 b 6 : κινήσεων αἱ μὲν ἁπλαῖ αἱ δὲ μικταί. Peut-être faudrait-il supprimer ἁπλῶν, ou plutôt le remplacer par ἁπάντων : Platon n'a envisagé que la génération et la corruption des éléments et leurs modes, et cela très incomplètement ; Démocrite seul a paru περὶ ἁπάντων φροντίσαι, κ. τ. λ.
2. *Timée*, 52 d *sq.* ; 73 b *sq.*
3. Car il raisonne φυσικῶς. Cf. *infra*.

philosophes n'a, disons-nous, apporté une explication que le premier venu n'eût été en état de donner : ils assurent bien que l'accroissement se produit par l'accession du semblable au semblable, mais s'agit-il de préciser de quelle façon, ils ne disent plus rien. Ils ne vont pas plus loin pour le mélange, ni, peut-on dire, pour aucun autre problème ; par exemple, à propos de l'action et de la passion, ils ne réussissent pas 5 à expliquer de quelle façon, dans les actions naturelles, une chose agit et une autre pâtit. Démocrite et Leucippe, au contraire, après avoir posé les figures[1], en font sortir l'altération et la génération : la séparation et l'union de ces figures produisent la génération et la corruption, et leur ordre et leur position, l'altération. Et, étant donné que, pour eux, la vérité résidait dans l'apparence sensible[2] et que les apparences sont 10 contraires entre elles et infinies, ils ont fait les figures infinies[3], pour que, par de simples variations dans la composition, une même chose puisse présenter, à des spectateurs différents, des aspects opposés, être transmuée par l'introduction du moindre composant nouveau, et apparaître entièrement

1. σχήματα, c'est-à-dire les atomes.
2. Cf. *de Anima*, I, 2, 404 a 27 : ἐκεῖνος... ἁπλῶς ψυχῆς ταὐτὸν καὶ νοῦν ; *Metaph.*, I, 5, 1009 b 11-17.
3. Infinies en nombre et en formes. Cette infinité des figures permet aux Atomistes d'expliquer l'infinie diversité des opinions (cf. Saint Thomas, *Comm.*, I, lect. 3, p. 276[1]).

différente par le déplacement d'un seul composant[1]; car tragédie et comédie sont constituées avec les mêmes lettres[2].

15   Presque tous les philosophes[3] paraissent admettre à la fois, d'une part, que la génération est une chose distincte de l'altération, et, d'autre part, que les êtres sont engendrés et corrompus par l'union et la séparation de leurs éléments, tandis qu'ils s'altèrent par un changement de leurs qualités. Ces thèses réclament notre attention. Elles prêtent, en effet, à des objec-
20 tions nombreuses et bien fondées[4]. Si, en effet[5], la génération est une union, cela donne lieu à bien des impossibilités. Mais, en revanche, d'autres arguments, malaisés à réfuter, obligent à reconnaître qu'il ne peut en être autrement. Si, par contre[6], la génération n'est pas une union, ou bien il n'y a absolument pas de génération, ou bien la génération est une altération; et alors, nous devons tenter aussi de résoudre ce dilemme, tout difficile qu'il soit[7].

1. Les éléments constituants, ou atomes, sont toujours les mêmes, et la variété du monde sensible résulte d'un changement dans leurs combinaisons. L'addition d'un simple atome suffit pour déplacer tous les atomes composant un corps et pour opérer un changement radical.

2. Bien que leurs effets sur nous soient opposés.

3. Leucippe, Démocrite, Anaxagore et Empédocle.

4. «L'ἀπορία, dit Hamelin (*Le Système d'Aristote*, p. 233) est la mise en présence de deux opinions contraires et également raisonnées, en réponse à une même question». Développer l'aporie, c'est διαπορῆσαι; la résoudre, c'est εὐπορῆσαι.

5. Première ἀπορία.

6. Seconde ἀπορία, par *reductio ad absurdum*.

7. Texte difficile. La dernière phrase paraît signifier: si l'on veut que la génération ne soit pas une union, ce dernier dilemme (il n'y a pas de génération – la génération est une altération) doit être résolu comme les «autres arguments malaisés à réfuter» mentionnés l. 21. – Nous adoptons l'interprétation de

Le principe de la solution de toutes ces difficultés est le **25**
suivant : est-ce ainsi que s'opèrent la génération, l'accroissement des êtres ou les changements contraires, avec des
éléments premiers indivisibles, ou bien n'existe-t-il pas de
grandeur indivisible ? C'est là, en effet, une différence
capitale. Et, à leur tour, si ces réalités primordiales sont
des grandeurs indivisibles, est-ce que, comme le veulent
Démocrite et Leucippe, ce sont des corps, ou bien, comme il
est écrit dans le *Timée* [1], des surfaces ? Cela même est absurde, **30**
comme nous l'avons remarqué ailleurs [2], de pousser la division
jusqu'aux surfaces. Aussi est-il plus raisonnable de supposer
indivisibles les corps [3] ? Cette hypothèse, il est vrai, est elle-
même pleine d'absurdités. Cependant, à l'aide de ces corps
indivisibles, il est possible de réaliser altération et génération
de la façon que nous avons dite, en modifiant le même objet au **35**
moyen de la « tournure » et de l'« arrangement », et par les
différences des figures, et c'est ce que fait Démocrite. – C'est **316 a**
aussi pourquoi ce philosophe nie l'existence de la couleur, car
c'est par la « tournure » des atomes que les choses sont colo-
rées [4]. – Par contre, pour ceux qui divisent les corps en surfaces [5], l'altération et la génération ne sont plus réalisables,

---

Joachim (*Comm.*, p. 73) mais nous ne croyons pas qu'il faille pour cela modifier
le texte de Prantl.

    1. *Timée*, 53 c *sq.* Ces surfaces sont des triangles élémentaires.

    2. Dans le *de Coelo*, III, 1, 229 a 6-11. S'arrêter aux triangles est illogique,
la surface se résolvant en lignes, et la ligne, en points.

    3. Les atomes de Démocrite.

    4. Les couleurs et autres qualités secondes ne sont, pour Démocrite, qu'une
pure apparence. – C'est là une simple parenthèse, qui interrompt le raisonnement.

    5. Les Platoniciens.

car, à l'exception des solides, rien ne peut être engendré de surfaces composées ensemble, et ces philosophes ne tentent même pas d'ailleurs d'engendrer une qualité en partant de ces surfaces.

5   La raison qui empêche d'embrasser aussi bien l'ensemble des concordances, c'est l'insuffisance de l'expérience. C'est pourquoi ceux qui vivent dans une intimité plus grande des phénomènes de la nature, sont aussi plus capables de poser des principes fondamentaux, tels qu'ils permettent un vaste enchaînement. Par contre, ceux que l'abus des raisonnements dialectiques a détournés de l'observation des faits, ne disposant que d'un petit nombre de constatations, se prononcent
10   trop facilement[1]. On peut se rendre compte, par ce qui précède, à quel point diffèrent une méthode d'examen fondée sur la nature des choses et une méthode dialectique : la réalité des grandeurs indivisibles résulte, en effet, pour les Platoniciens, de ce que le Triangle-en-soi serait sans cela multiple[2], tandis

---

1. L. 5, τὰ ὁμολογούμενα, *confessa, idest quae sunt omnibus manifesta* (Saint Thomas, *Comm.*, I, lect. 3, 277[3]). – L. 8, οἱ δέ désigne soit Platon, soit Xénocrate (en ce sens, Zeller, II, I[4], 1018, 1), soit des disciples de Platon (en ce sens, Philopon, *Comm.*, *ad loc.*, 27, 8-11, éd. Vitelli). – L. 9, τὰ ὑπάρχοντα signifie les faits.

Aristote oppose fréquemment la méthode dialectique à la méthode des sciences de la nature. Raisonner λογικῶς, c'est, à la façon des Platoniciens, s'appuyer sur des considérations purement dialectiques et abstraites, les notions étant envisagées, non dans leur contenu réel, mais dans les généralités qu'elles enveloppent. Au contraire raisonner φυσικῶς, c'est raisonner conformément au réel et suivant la méthode qui convient à la philosophie de la nature. Cf. Robin, *La Théorie platonicienne*, *passim*, notamment p. 26, n. 22 ; Mansion, *Introduction à la physique aristotélicienne*, p. 117.

2. Cf. *de Insec. lin.*, 968 a 9-14. S'il n'y a pas de grandeurs indivisibles, c'est-à-dire de triangles premiers, le Triangle-en-soi devra lui-même se diviser

que Démocrite apparaît avoir été conduit à cette opinion par des arguments appropriés au sujet et tirés de la science de la nature. Le sens de nos paroles s'éclaircira par la suite.

Il y a, en effet, une difficulté[1], si on pose un corps, c'est-à-dire une grandeur, comme totalement[2] divisible, et si cette 15 division est possible : qu'y aura-t-il qui puisse échapper à la division ? Car si le corps est totalement divisible et que cette division soit possible, il pourra être simultanément divisé dans toutes ses parties, quand bien même, en fait, cette division ne serait pas effectuée simultanément[3]. Et si cette division se produisait, il n'en résulterait aucune impossibilité[4]. Par suite,

en triangles plus simples, de sorte que quelque chose serait antérieur à une Idée, ce qui est impossible.

1. Ici commence la critique de la thèse suivant laquelle il n'existe pas de grandeurs indivisibles, le corps étant divisible πάντῃ. Il résulte de cette thèse de telles impossibilités que nous paraissons obligés de conclure à l'existence de grandeurs indivisibles (316 a 14-b 16). Nous verrons d'ailleurs que cette dernière thèse est tout aussi inadmissible, ce qui nous engage dans une ἀπορία.

2. πάντῃ, omnino, totaliter, partout, d'une manière exhaustive.

3. Si corpus sit omnino, idest secundum totum divisibile, et hoc sit possibile, consequens erit quod nihil prohibeat corpus esse simul divisum quantumcumque dividi potest, etsi divisio non fiat simul, sed successive (Saint Thomas, Comm., I, lect. 4, 278[1]).

4. Le raisonnement d'Aristote est difficile à suivre. Voici comment on peut le rétablir.

Rappelons d'abord la définition du possible (δυνατόν), telle qu'elle figure dans la Metaph., Θ, 3, 1047 a 24-26 : « Une chose est possible si, quand elle passe à l'acte dont elle est dite avoir la puissance, il n'en résulte aucune impossibilité ». (Sur la portée de cette définition, cf. Bonitz, Metaph., 387, et Ross, Comm., II, 245). Autrement dit : une chose est possible quand sa réalisation n'est pas incompatible avec l'essence même de cette chose. Admettons maintenant qu'une division πάντῃ soit possible pour un corps donné, et que cette division πάντῃ s'accomplisse simultanément (ἅμα) en tous les points du corps. Il ne devrait résulter de cette division aucune conséquence incompatible avec l'essence du corps. Mais, comme Aristote le démontrera plus loin, ce n'est pas

20 il en sera de même, qu'il s'agisse soit d'une division par moitié[1], soit, généralement, de toute autre division naturelle totale, et si la division a été effectuée, aucune impossibilité n'en sera résultée, quand bien même la division aurait été faite en d'innombrables parties, elles-mêmes divisées d'innombrables fois ; rien d'impossible n'en résultera, bien que, sans doute, aucun corps ne puisse, en fait, être ainsi divisé.

Puisque le corps est ainsi divisible totalement, admettons qu'il ait été divisé. Quel sera donc le reliquat ? Une grandeur ? Ce n'est pas possible, car il y aurait quelque chose de non
25 divisé, alors que, par hypothèse, le corps est totalement divisible. Mais si l'on doit reconnaître qu'il ne reste ni corps, ni grandeur, et que cependant on maintienne la division absolue, ou bien c'est de points, c'est-à-dire de non-grandeurs, que le corps sera constitué, ou bien c'est de riens absolus : < dans ce dernier cas >, le corps viendrait alors de riens et serait constitué de riens, et le corps tout entier ne serait sans doute rien qu'une simple apparence. Mais l'absurdité sera la même si le corps est
30 formé de points, car il n'y aura aucune quantité. Quand, en effet[2], les points se trouvaient en contact et coexistaient pour former une seule grandeur, ils ne rendaient en rien le tout plus grand, < et cela résulte du fait que > lorsque le corps était divisé en deux ou plusieurs parties, le tout n'était ni plus petit, ni plus

le cas : la division πάντῃ et ἅμα anéantirait le corps, qui serait constitué de points ou de riens, ce qui est inconciliable avec la notion même de corps, lequel est essentiellement un ποσόν. Dans tout le paragraphe, nous avons suivi le texte et la ponctuation de Joachim.

1. C'est-à-dire par dichotomie progressive. Aristote veut dire que le raisonnement est le même quelque soit le mode de division employé.

2. Avant la division.

grand qu'auparavant; de sorte que, même si tous les points[1] sont assemblés, ils ne formeront aucune grandeur.

Mais supposons que la division se traduise par quelque chose comme une sciure du corps, et qu'ainsi quelque élément 316*b* corporel se détache de la grandeur; le même raisonnement s'appliquera: cette particule, de quelle façon est-elle divisible[2]? – Si ce n'est pas un corps, mais une forme séparée ou une qualité qui sort, et si la grandeur consiste en des points ou des contacts possédant, de telle façon, telle qualité, il est paradoxal qu'une grandeur soit composée de non-grandeurs[3]. 5 – De plus, en quel lieu seront les points? Et seront-ils immobiles ou en mouvement[4]? – D'ailleurs un contact suppose

1. Obtenus à la suite de la division πάντῃ.

2. Aristote répond à une objection. Si, au moment de la division, quelque chose échappe à la division («un élément corporel sort de la grandeur»), ne peut-on pas soutenir que ce quelque chose constitue essentiellement le corps? Admettons-le. Si ce quelque chose est un fragment matériel, la question de divisibilité se posera pareillement à son sujet.

3. Le raisonnement se poursuit. Si la chose qui échappe à la division est une forme ou une qualité immatérielle (la division séparant alors la forme de la matière), on aboutit à composer une grandeur avec des non-grandeurs, ce qui est absurde. – L'argumentation, combattue par Aristote dans ce passage, postule évidemment que la grandeur consiste en des points ou en des contacts «possédant de telle façon, telle qualité», c'est-à-dire de points en contact qui formeraient un continu. Mais c'est là une doctrine qu'Aristote n'admet pas. – Sur les notions d'ἐφεξῆς (consécution), ἁφή (contact), ἐχόμενον (contigu), συνεχές (continu), qui interviennent dans cette argumentation, et qui sont hiérarchisées en ce que la suivante implique la précédente, cf. *Phys.*, V, 3, 226 b 18-227 b 2; *de Insec. lin.*, 971 a 18-972 a 6.

4. N'étant pas des corps, les points n'occupent aucun des lieux naturels occupés par les quatre éléments. Et comme les lieux naturels déterminent les mouvements naturels des éléments, les points ne recevront non plus aucun mouvement. Ils ne seront donc nulle part et ne pourront s'unir pour constituer des corps.

toujours deux termes, en ce sens qu'il y a toujours quelque chose en dehors du contact, comme en dehors de la division et du point[1].

Si donc l'on veut poser quelque corps que ce soit, de quelque grandeur qu'il soit, comme totalement divisible, voilà toutes les difficultés qui en découlent. En outre, si, après avoir divisé un morceau de bois, ou quelque autre chose, on en rassemble les fragments, il redevient égal et est un. Or il en est évidemment ainsi à quelque point que je sectionne le morceau de bois. Donc le morceau de bois a été divisé potentiellement d'une manière complète. Quelle chose y a-t-il donc en lui, en dehors de la division? Car, même si nous supposons qu'il y a quelque qualité, comment cependant le morceau de bois se résout-il en ces composants, et comment en procède-t-il? Autrement dit, comment ces éléments constitutifs peuvent-ils être séparés les uns des autres[2]?

1. Deux points ne peuvent entrer en contact : le contact suppose la consécution, et deux points ne sont pas consécutifs, étant donné que sont seulement consécutives les choses entre lesquelles il n'existe aucun μεπαξύ συγγενές : or, pour les points, l'intermédiaire est toujours une ligne (*Phys.*, VI, 1, 231 b 8-9). À plus forte raison ne peuvent-ils former un συνεχές. Les points ne sont donc que de simples limites. Par suite la grandeur n'est pas formée de quantités discrètes.

2. Prantl met tout ce paragraphe entre crochets, comme douteux. Joachim, *Comm.*, p. 82, estime, au contraire, qu'il s'agit d'un nouvel argument contre la thèse de la divisibilité πάντῃ, et voici comment il l'expose. Une fois la division effectuée, en quelque point que ce soit, le corps redevient un, si on rassemble les morceaux, et les particules demeurent divisées seulement en puissance. Mais cette division, même en puissance, soulève toujours la même objection que lorsque la division, comme tout à l'heure, avait lieu en acte : que reste-t-il en dehors des points divisés? Dira-t-on que la division en puissance n'expulse pas la qualité, qui n'est absente que par la division en acte? Il faudra alors expliquer comment cette séparation de la qualité et des points est possible. – Comme dans

10

En conséquence, puisqu'il est impossible que les grandeurs soient formées de contacts ou de points, il doit y 15 avoir des corps indivisibles et des grandeurs. Pourtant[1], si nous l'admettons, nous n'en retombons pas moins dans des impossibilités que nous avons examinées en d'autres traités[2]. Nous devons cependant résoudre ces difficultés, et c'est pourquoi, une fois de plus, nous devons reprendre le problème à son point de départ[3].

Que, par suite, d'un côté, tout corps sensible soit, en n'importe quel point, indivisible aussi bien que divisible, cela 20 n'a rien de paradoxal : il sera divisible en puissance et indivisible en entéléchie[4]. D'un autre côté, qu'un corps soit, même

l'argument précédent (318 b 2-5), les points étant la matière, la qualité serait la forme (l. 13 et 15. ταῦτα signifie la qualité et les points).

1. Aristote vient de combattre la thèse de la divisibilité πάντη. Nous devons donc conclure à l'existence de grandeurs indivisibles. Mais, d'un autre côté, c'est impossible, en vertu de raisonnements exposés dans la *Physique*. Voir la note suivante.

2. *Phys.*, VI, 1, 231 a 21 *sq.*, où Aristote établit qu'un συνεχές ne peut être constitué ἐξ ἀδιαιρέτων et que, par suite, la ligne n'est pas formée de points indivisibles. Cf. aussi *de Coelo*, III, 4, 303 a 3, et *supra*, avec les notes.

3. Nous sommes engagés dans une ἀπορία, et il faut εὐπορῆσαι. Aristote va donner la solution qu'il estime véritable, en distinguant la puissance et l'acte. Le corps est divisible en puissance πάντη, et indivisible en entéléchie, mais la division en puissance πάντη et ἅμα (c'est-à-dire simultanément en tous les points du corps) est impossible, car on arriverait ainsi à constituer les corps de points ou de purs riens, ce qui est absurde.

4. Sur la distinction entre ἐνέργεια (acte) et ἐντελέχεια (entéléchie), cf. Bonitz : *Ita videtur Aristotelis* ἐντελέχειαν *ab* ἐνεργείᾳ *distinguere, ut* ἐνέργεια *actionem, qua quid ex possibilitate ad plenam et perfectam perducitur essentiam,* ἐντελέχεια *ipsam hanc perfectionem significet.* – L'ἐνέργεια est l'action, l'ἐντελέχεια, le terme réalisé par l'action et ne renfermant plus aucun devenir, sans pourtant que l'acte soit antérieur à l'entéléchie, car l'ἕξις mise en œuvre par l'acte est aussi une forme inférieure de l'entéléchie et sert de

en puissance, divisible simultanément en tous ses points, c'est ce qui, semble-t-il, est impossible. Si, en effet, c'était possible, cela pourrait alors arriver[1], et il en résulterait, pour le corps, qu'il est, non pas simultanément et à la fois indivisible et divisé en entéléchie, mais simultanément divisé en un point quel-
25 conque. Rien alors ne restera, et le corps se sera évanoui dans l'incorporel. Et ainsi il pourrait, une fois de plus, provenir soit de points, soit absolument de rien. Comment cela serait-il possible ?

Mais il est clair désormais que la division s'effectue en grandeurs séparables, toujours plus petites < à chaque division >, et en des grandeurs écartées l'une de l'autre et séparées < en acte >. Par suite, dans une division progressive, l'émiette-
30 ment ne pourra se poursuivre à l'infini, et, d'autre part, la divi-sion simultanée ne peut s'opérer en tout point (car ce n'est pas possible) : elle s'arrêtera quelque part. Il est donc nécessaire que le corps sensible contienne des grandeurs indivisibles[2] invisibles, surtout si l'on admet que génération et corruption consistent respectivement dans l'union et la séparation.

---

point de départ à l'acte. En fait, acte et entéléchie se distinguent difficilement, et Aristote les emploie fréquemment l'un pour l'autre. Cf. la célèbre définition de l'âme, *de Anima*, II, 1, 412 a 27.

1. En raison de la définition même du possible. Cf. *supra*, 316 a 19, et note. – Sur les difficultés de texte portant sur l'ensemble de ce paragraphe, cf. Joachim, *Comm.*, 83.

2. Les atomes de Démocrite. Et il est clair que les Atomistes, pour qui la γένεσις est une σύγκρισις, et la φθορά, une διάκρισις, doivent admettre l'existence de grandeurs indivisibles échappant à la perfection, car on ne saurait expliquer autrement la constitution des corps.

Tel est donc l'argument [1] qui semble établir la nécessité de 317 *a*
grandeurs indivisibles. Qu'il dissimule un paralogisme et à
quel endroit il le dissimule, c'est ce que nous allons dire [2].
Puisqu'un point, en effet, n'est pas contigu à un point [3], la
divisibilité totale des grandeurs est possible à un point de vue,
et impossible à l'autre [4]. Mais on croit, quand on pose cette
divisibilité totale de la grandeur, qu'il y a en elle un point, non 5
seulement n'importe où, mais partout, de sorte qu'il s'ensui-
vrait nécessairement que la grandeur peut être divisée jusqu'au
rien, puisqu'il y aurait, partout en elle, un point; il en résulterait alors qu'elle serait composée de contacts ou de points.
Mais c'est seulement à un point de vue que la grandeur est
divisible partout, à savoir en tant qu'il y a un seul point à un
endroit quelconque en elle, et que tous ses points sont partout

1. Savoir l'argument des Atomistes suivant lequel un corps ne peut être
divisé en points.

2. Le paralogisme gît dans l'équivoque de l'expression πάντη διαιρετόν :
les Atomistes raisonnent comme si elle signifiait πάντη et ἅμα, mais on
peut très bien admettre (et Aristote l'admet) qu'elle signifie seulement πάντη.
Voir *infra*.

3. Nous avons déjà vu pourquoi un point n'est pas contigu à un autre point :
l'ἐχόμενον suppose l'ἁφή, qui suppose l'ἐφεξῆς. Or un point n'est pas consécutif au point, ainsi que nous l'avons dit *supra*.

4. Aristote établit le véritable sens de l'expression πάντη διαιρετόν, qui
ne signifie nullement, comme le croient les Atomistes, πάντη et ἅμα. Une
grandeur peut être divisée πάντη à un point quelconque, mais non en *tous* ses
points simultanément. En effet, comme l'explique Aristote aussitôt après, un
point quelconque n'est pas contigu à un autre, puisqu'il n'existe pas de conti-
guité pour les points. On ne peut donc pas envisager, pour la division πάντη, la
totalité des points d'une grandeur, mais seulement un point déterminé, ou tous
les points pris successivement un à un. On ne peut pas dire, par exemple, qu'une
grandeur, divisée πάντη à son milieu, peut être aussi divisée πάντη au point
contigu à ce milieu, car il n'y en a pas, les deux points contigus n'en formant, en
réalité, qu'un seul.

en tant que pris un à un ; mais il n'y a pas plusieurs points < à un endroit quelconque >, car les points ne sont pas consécutifs ; par suite, elle n'est pas en tous ses points < simultanément >
10   divisible ; < sinon >, en effet, et si elle est divisible à son milieu, elle sera divisible aussi à un point contigu à ce milieu[1] ; car il n'y a pas de position contiguë à une position, ni de point, au point[2]. Autrement dit, il n'y a pas de division contiguë à une division, ni de composition à une composition.

Il en résulte qu'il y a division et composition, quoique ce ne soit pas en des grandeurs indivisibles, ni à partir de grandeurs indivisibles (il y aurait à cela de multiples impossibilités), ni de telle façon que la division se produise partout (il
15   aurait fallu, pour cela, que le point fût contigu au point) : mais la division se fait en particules, c'est-à-dire en parties plus petites < que le divisé >, et la composition à partir de parties plus petites[3].

Mais la génération et la corruption absolues et complètes ne sont pas définies, comme certains philosophes le soutiennent[4], par l'union et la séparation, tandis que le changement

1. Pour éclaircir la pensée d'Aristote, il faut ajouter ici : « Or il est impossible de diviser πάντη ce point contigu qui n'existe pas, car... ».

2. L. 11 et 12, on doit établir une différence entre σημεῖον et στιγμή, que nous avons traduits respectivement par *position* et *point*. Le sens de σημεῖον est plus étendu que celui de στιγμή, qu'il enveloppe : σημεῖον signifie *point*, aussi bien quant au temps (le νῦν est un σημεῖον) que quant au lieu. Cf. *Phys.*, VIII, , 8, 262 b 2 : ἐν ἄλλῳ σημείῳ χρόνου.

3. Il faut comprendre : « la division se fait en parties *relativement* plus petites que le divisé, et la composition, à partir de parties *relativement* plus petites », c'est-à-dire plus petites que le composé. Il n'est donc pas besoin de supposer des parties indivisibles absolument.

4. Aristote prend position plus à fond contre les Atomistes. Il critique ici le principe même de la théorie atomiste d'après lequel la génération serait une

dans le continu serait l'altération. Bien au contraire, c'est là où
toute l'erreur réside. Il y a, en effet, génération et corruption   20
absolues, non pas du fait de l'union et de la séparation, mais
quand il y a changement total de telle chose à telle autre
chose[1]. Mais ces philosophes[2] pensent que tout changement
de cette nature[3] est altération, alors qu'en réalité, il y a une
différence. Dans le sujet < du changement >[4], en effet, il faut
distinguer ce qui est selon la forme et ce qui est selon la
matière. Quand c'est en ces facteurs constitutifs mêmes que le   25
changement a lieu, ce sera la génération et la corruption ; mais
quand c'est dans les qualités de la chose, et par accident[5], ce
sera une altération.

En réalité, la séparation et l'union facilitent seulement la
corruption de la chose[6]. Si l'eau, en effet, a d'abord été divisée
en particules d'eau plus petites, l'air en est engendré plus
rapidement, tandis que si les particules d'eau ont d'abord été

union d'éléments, et la corruption, une séparation, l'altération ne différant de la
génération qu'en ce qu'elle s'effectue dans le continu.

1. La γένεσις est l'apparition d'une nouvelle οὐσία, et nullement une
σύνθεσις de corps indivisibles, comme le soutient Démocrite.

2. Les Atomistes.

3. Le changement qui se produit dans le continu.

4. C'est-à-dire dans un σύνολον, un composé de forme et de matière. Le
changement dans le continu n'est donc pas toujours une altération : il y a altération quand le changement affecte les qualités de la chose ; il y a, au contraire,
génération quand le changement se produit dans la matière et la forme constituant le σύνθετον.

5. « Par accident », car ce n'est pas la chose καθ' αὐτό, qui change : elle
change seulement en raison d'une de ses propriétés.

6. Aristote, tout en contestant que la génération soit une union, et la corruption, une séparation d'éléments, admet cependant que l'union et la séparation
jouent un rôle dans la génération et la corruption : elles préparent et facilitent
ces processus.

réunies, il est engendré plus lentement. Tout cela s'éclaircira
30   par la suite[1]. Mais, dès maintenant, que ceci soit bien établi :
que la génération ne peut être une union, telle du moins que la
conçoivent certains philosophes[2].

3
< *Réalité de la Génération et de la Corruption absolues*[3] >

Ces distinctions[4] une fois posées, nous devons d'abord
examiner s'il existe quelque chose qui soit engendré et corrompu d'une façon absolue, ou bien s'il n'y a pas de génération
proprement dite, et, au contraire, si, toujours, une chose, de
chose devient quelque chose, comme, par exemple, du malade
35   vient le bien portant, et du bien portant, le malade, ou comme
317b   le petit vient du grand, et le grand, du petit et de même dans
tous les autres cas[5]. S'il y avait, en effet, génération absolue,
quelque chose pourrait venir du non-être absolu[6], de telle sorte
qu'il serait vrai de dire que le non-être appartient comme
attribut à certains sujets[7] : car la génération relative procède du
non-être relatif, tel que le non-blanc ou le non-beau, tandis que
5   la génération absolue procède du non-être absolu.

---

1. Cf. *infra*, I, 10, 328 a 23-b 22.
2. Les Atomistes, qui expliquent la γέθεσις par une σύγκρισις.
3. Dans ce chapitre, Aristote va prouver qu'*en fait*, la γένεσις est la
production d'une nouvelle οὐσία; les chapitres qui précèdent ne constituent,
en effet, qu'une critique des doctrines antérieures.
4. Distinctions terminologiques entre γένεσις, ἀλλοίωσις, σύγκρισις,
etc.
5. C'est-à-dire dans les autres catégories.
6. ἁπλῶς (l. 2) qualifie, pour le sens, μὴ ὄντος.
7. Ce qui est contradictoire, un sujet devant exister.

Maintenant ce qui est « absolument », ou bien signifie ce qui est premier selon chaque catégorie de l'être, ou bien présente un sens universel et qui embrasse toutes les catégories. Si donc < on parle du non-être > dans le premier sens[1], il y aura génération d'une substance à partir d'une non-substance. Mais ce à quoi n'appartient ni la substance, ni l'individualité[2], à cela ne peut évidemment appartenir non plus aucun prédicat d'aucune autre catégorie, ni la qualité, par exemple, ni la quantité, ni le lieu; car alors les qualités pourraient être séparées des substances. – Si, d'un autre côté, non-être est pris

1. L. 7, il faut lire le texte comme s'il y avait : εἰ μὲν οὖν τὸ πρῶτον <μὴ ὄν>. – Aristote veut dire : si τὸ ἁπλῶς μὴ ὄν (le non-être absolu) signifie la négation de τὸ ἁπλῶς ὄν, pris dans le sens premier du terme d'une catégorie déterminée (le premier terme étant le genre le plus éloigné dans chaque catégorie; par exemple, l'οὐσία en général pour la catégorie de la substance, le ποιόν en général pour la qualité, le ποσόν en général pour la quantité, etc.), il y aura, en ce qui concerne la catégorie de la substance, génération d'une substance à partir d'une non-substance, ce qui revient à dire que quelque chose peut venir de rien, chose impossible. Même raisonnement, s'il s'agit d'une catégorie seconde (par exemple, le blanc venant d'une non-qualité), qui suppose la substance, dont elle est une simple détermination, car ce qui n'est pas, en un sens, une substance n'est rien, sinon la qualité existerait indépendamment de la substance.

La terminologie d'Aristote, au sujet de l'être et du non-être, présente ici des difficultés particulières. Il ne faut pas confondre τὸ ἁπλῶς μὴ ὄν, qui signifie « ce qui n'existe absolument pas », le non-être absolu (opposé à τὸ ἁπλῶς ὄν), et τὸ μὴ ὄν ἁπλῶς (l. 15 par exemple), qui doit se traduire « ce qui n'est pas absolument », c'est-à-dire « ce qui est en un certain sens », autrement dit, l'être en puissance.

2. τόδε τι, c'est l'individuel, telle chose que voici (*hoc aliquid*); c'est, contrairement à l'attribut, ce qui existe par soi-même, et, la plupart du temps, τόδε τι est synonyme d'οὐσία (Bonitz, *Index aristotelicus*, 495 b 45). Plus précisément, τόδε τι est la forme ou essence à laquelle il ne manque que d'être réalisée dans une matière pour devenir un individu véritable. C'est la substance première. – Pour la notion d'οὐσία, cf. *supra*, 1, 314 b 14.

dans un sens général[1], il y aura négation totale de tous les êtres
en général, de sorte que nécessairement l'engendré viendra
du non-être. Toutes ces questions ont été, dans nos autres
ouvrages, discutées et définies plus amplement[2]; pourtant il
convient, maintenant encore, de rappeler brièvement que,
15 d'une certaine façon, la génération se fait à partir de ce qui
n'est pas absolument, mais que, d'une autre façon, elle se fait
toujours à partir de l'être. C'est, en effet, l'être en puissance,
lequel est non-être en entéléchie, qui préexiste nécessairement, et on l'appelle à la fois être et non-être.

Mais, même une fois ces distinctions établies, voici qu'une
extraordinaire difficulté se présente, et il convient de revenir
sur nos pas, en vue d'un nouvel examen[3] : comment peut-il
y avoir génération absolue, soit qu'elle se produise à partir
20 de l'être en puissance, soit d'une autre façon? On pourrait se
demander, en effet, si c'est de la substance, de l'être déterminé, qu'il y a génération, s'il ne s'agirait pas plutôt de l'être
ayant telle qualité, ou telle quantité, ou occupant tel lieu.
Même question au sujet de la corruption. Si, en effet, c'est un
être déterminé qui est engendré, il est clair que ce sera une
substance, en puissance et non en entéléchie, à partir de
25 laquelle la génération aura lieu, et en laquelle doit nécessai-

---

1. L. 11, il faut supprimer la virgule de Prantl et lire εἰ δὲ τὸ μὴ ὄν ὅλως.
– Admettons, poursuit Aristote, qu'on prenne le non-être au sens général
d'inexistant, même alors l'engendré procédera du non-être. L'absurdité est la
même que dans la première hypothèse.

2. *Phys.*, I, 6-9.

3. Le résumé de la *Physique* qui précède ne précise pas, en effet, comment
on doit concevoir le siège de la génération : est-ce déjà un σύνολον, un
composé de forme et de matière (l'eau, pour l'air, par exemple) ou bien n'est-ce
qu'une πρώτη ὕλη?

rement se changer ce qui est détruit. Est-ce donc qu'à cette substance appartiendra en entéléchie quelque prédicat des autres catégories? Autrement dit, est-ce que, par exemple, la quantité ou la qualité, ou le lieu appartiendra à ce qui est, seulement en puissance, une chose déterminée et un être, mais qui n'est, absolument, ni une chose déterminée, ni un être? Car si cette chose-là ne possède aucun < de ces derniers prédicats en entéléchie >, mais les possède seulement tous en puissance, il en résulte d'abord que ce qui n'est pas un être déterminé est séparé, et, en outre (problème qui a le plus tourmenté et préoc- 30 cupé les premiers philosophes), que l'être procède d'un non-être préexistant[1]; d'un autre côté, alors que cette chose n'est pas une chose déterminée ou une substance, si quelqu'un des autres prédicats dont nous venons de parler lui appartient, les qualités seront, ainsi que nous l'avons dit[2], séparées des substances.

Voilà donc quelles difficultés réclament tout notre effort. Ajoutons-y celle-ci[3]: quelle est la cause de la perpétuité de la 35 génération, tant de la génération absolue que de la génération partielle[4]? «Cause» signifie ici, d'une part, le principe dont 318a nous disons que vient le mouvement[5], d'autre part, la matière;

1. On ne peut pas, en effet, considérer la πρώτη ὕλη comme un être réel, car seule la matière prochaine existe à part de l'être engendré.

2. 317b 10-11, *supra*.

3. La question posée au début du chapitre est épuisée. Reste à examiner la cause de la perpétuité de la γένεσις.

4. Par γένεσις κατὰ μέρος, Aristote entend les changements non-substantiels, c'est-à-dire l'altération, l'accroissement et la diminution, et la translation. C'est une terminologie un peu exceptionnelle, car la γένεσις comprend ici les trois espèces de la κίνεσις.

5. τὸ κινοῦν, la cause efficiente.

c'est de cette dernière cause que nous devons parler. Pour ce qui est, en effet, de l'autre cause, nous avons exposé antérieurement, dans notre traité du Mouvement[1], qu'elle implique, d'une part, quelque chose de perpétuellement immobile[2], et, 5 d'autre part, quelque chose d'éternellement mû[3]. De ces deux choses, celle qui concerne le principe immobile, c'est à l'autre philosophie, à la philosophie première qu'il appartient d'en rendre compte[4] ; quant à l'autre principe, qui meut tout le reste par le fait qu'il est lui-même mû d'une façon continue, nous devrons déterminer plus loin[5] quelle est, parmi les causes dites individuelles[6], celle qui présente ce caractère[7].

Mais, à présent, c'est de la cause posée sous sa nature matérielle que nous avons à parler, et en vertu de laquelle 10 jamais la corruption et la génération ne font défaut dans la nature. Car sans doute aussi s'éclaircira, en même temps, le présent problème, savoir comment enfin il faut expliquer la corruption et la génération absolues[8].

---

1. *Phys.*, VIII, 3, notamment 258 b 10 *sq.*
2. Le Premier Moteur, Dieu.
3. Le Premier Ciel, la Sphère des étoiles fixes, animée d'un mouvement éternel et uniforme. Cf. *Phys.*, VIII, 3, 259 b 33.
4. Cf. *Metaph.*, E, 1, 1026 a 10-33.
5. II, 10.
6. τὰ καθ' ἕκαστα λεγόμενα αἴτια. Sur ces causes, cf. *Phys.*, II, 3, 195 a 27 *sq.*, et Hamelin, *Physique II*, p. 95.
7. Savoir, ce caractère de mouvoir tout le reste, tout en étant mû soi-même d'une façon continue.
8. Le problème est, en somme, de savoir comment il faut concevoir la substance en puissance d'où procède la génération absolue. La difficulté est d'expliquer la continuité de la génération, en admettant une génération absolue des substances. En réalité, comme on le verra, *infra*, l. 23, Aristote n'admet ni

Nous sommes aussi suffisamment embarrassés pour expliquer quelle est la cause de la continuité de la génération, s'il est
vrai que ce qui est détruit s'évanouit dans le non-être et que le
non-être ne soit rien : le non-être, en effet, n'est ni une chose 15
déterminée, ni une qualité, ni une quantité, ni un lieu. Si donc à
tout moment quelqu'un des êtres disparaît, pourquoi alors la
totalité des êtres n'est-elle pas détruite depuis longtemps et
n'a-t-elle pas disparu, en supposant fini, bien entendu, ce dont
procède chacun des êtres engendrés [1] ? Car ce n'est assurément
pas à l'infinité de cette source de la génération que peut être
attribuée la continuité sans défaillance de celle-ci ; cela est 20
impossible, puisque rien n'est infini en acte [2] ; c'est seulement
en puissance, par division, qu'une chose est infinie, de telle
sorte qu'il n'y aurait qu'une possibilité pour la génération
d'être indéfectible, à savoir qu'elle le fût par diminution
progressive. Mais, en réalité, c'est ce que nous ne constatons
pas [3].

γένεσις, ni φθορά absolues, mais transformation réciproque au sein d'une
substance permanente en acte.

1. La cause matérielle.

2. Sur l'infini, cf. *Phys.*, III, 5, 6, 7 et 8. Aristote ne reconnaît pas l'existence d'un infini en acte. Il admet seulement l'infini en puissance, qui peut être
soit κατὰ τὴν διαίρεσις (possibilité d'une division), soit κατὰ τὴν πρόσθεσιν (possibilité d'une addition). L'espace est infini dans le premier sens, car
il est indéfiniment divisible ; le nombre est infini dans le second sens, car à un
nombre donné on peut toujours en ajouter un autre ; le temps est infini dans les
deux sens à la fois.

3. Cf. Joachim, *Comm.*, p. 96. – La cause matérielle est infinie κατὰ τὴν
διαίρεσις. On pourrait donc supposer une perpétuité de générations, à la
condition toutefois que le nombre des êtres engendrés diminuât, dans la même
proportion, à chaque génération, ce que l'observation ne confirme pas. Cf. Saint
Thomas, *Comm.*, I, lect. 7, 289 [1].

N'est-ce donc pas parce que la corruption de cette chose-ci est la génération d'une autre, et la génération de cette chose-ci **25** la corruption d'une autre, que le changement est nécessairement sans arrêt[1]? Et, ainsi, l'existence de la génération et de la corruption, telles qu'elles se manifestent d'une manière semblable dans chacun des êtres, doit être considérée comme adéquatement expliquée, pour tous les êtres, par cette cause < matérielle >[2].

Mais pourquoi alors parlons-nous dans certains cas, de génération et de corruption absolues, et, dans d'autres cas, de génération et de corruption non-absolues[3]? Une fois de plus[4],

---

1. Aristote propose maintenant sa solution. La perpétuité de la génération et la nature de la substance matérielle s'expliquent par ce fait qu'il n'y a ni φθορά totale, ni γένεσις totale; il y a conversion réciproque d'un sujet permanent qui n'est pas pur non-être, pure puissance, mais matière déjà informée, substance actuelle positive, privée seulement de la détermination qui est la fin de la γένεσις. En somme, il y a seulement substitution, d'une forme à une autre. Cf. Joachim, p. 97, qui donne un excellent exposé.

2. Aussi bien que la perpétuité de la génération, son existence même est expliquée par la πρώτη ὕλη prise au sens de substance concrète informée, mais transformable en un autre état positif.

3. Voici maintenant un autre problème dont l'examen se prolongera jusqu'à 319 a 22 : étant donné qu'il n'y a pas de γένεσις et de φθορά absolues, pourquoi s'exprime-t-on comme s'il en existait, et comme si la génération d'une chose n'était pas toujours la corruption d'une autre ?

4. « Une fois de plus », comme au début du présent chapitre, il s'agit d'expliquer des particularités de langage qui semblent en désaccord avec la doctrine soutenue par Aristote.

Les inexactitudes de langage qu'il s'agit d'expliquer sont au nombre de deux : nous désignerons la première par A et la seconde par B. A est examinée depuis 318 a 35 jusqu'à 319 a 2. B fait l'objet d'un examen plus bref ultérieur (319 a 3-14). Mais l'une et l'autre sont posées dans les lignes qui suivent.

Pour tout cet exposé, nous nous inspirons du remarquable commentaire de Joachim, auquel nous renvoyons pour les détails.

nous avons à l'examiner s'il est vrai qu'il y ait identité entre
génération de cette chose-ci et corruption de celle-là, d'une
part, et corruption de celle-ci et génération de celle-là, d'autre 30
part. Ce point, en effet, demande une explication. Car nous
disons que « il y a présentement corruption », simplement, au
lieu de dire que « cette chose-ci se corrompt < et cette autre est
engendrée » >, et nous appelons, simplement, tel changement,
génération, et tel autre, corruption[1]. – Et telle chose devient .
quelque chose, mais ne devient pas absolument, car nous
disons du sujet qui étudie, qu'il devient savant, mais non 35
simplement qu'il devient[2]. – De même, donc[3], que souvent
nous divisons des termes selon qu'ils signifient une chose 318 *b*
déterminée, ou non, c'est aussi de cette division que découle la
distinction cherchée, car il en résulte une différence dans ce en

---

1. A) Première inexactitude de langage s'appliquant exclusivement aux
changements καθ' οὐσίαν. – Quand un homme meurt, nous devrions dire :
telle chose meurt (l'homme) et *telle autre chose naît* (le cadavre). Au lieu de
cela, nous disons simplement : *l'homme meurt*.

L. 32, καὶ οὐ μόνον τοδί doit s'entendre καὶ οὐ μόνον <φθείρεται
μὲν> τοδί, <γίνεται δὲ τοδί>, et les l. 31-33 signifient donc : « Nous appelons
simplement tel changement "génération" <au lieu de "génération d'une chose
et corruption d'une autre">, et tel autre, "corruption" <au lieu de "corruption
d'une chose et génération d'une autre"> ».

2. B) Seconde inexactitude de langage s'appliquant aux changements se
produisant dans les autres catégories. – Nous disons qu'un homme naît, par
exemple, qu'il devient absolument, tandis que s'il devient savant, nous disons
qu'il devient savant. Or les deux cas sont les mêmes et nous ne devrions jamais
parler d'une génération ἁπλῶς : l'homme qui est engendré, c'est la semence qui
est détruite ; l'homme qui devient savant, c'est l'ignorant qui disparaît.

3. Il s'agit de rendre compte maintenant de ces inexactitudes de langage.
Aristote va examiner d'abord A, rejetant B à 319 a 3. Les raisons qui expliquent
A sont au nombre de trois, et, dans les trois cas, la distinction cherchée que l'on
fait entre la *generatio simpliciter* et la *generatio secundum quid* repose sur une
différence dans la matière prochaine du changement.

quoi change ce qui change[1]. Sans doute, par exemple, le passage au feu est une génération absolue mais une corruption de
quelque chose[2], à savoir de la terre, tandis que la génération de
5 la terre est une génération relative et non une génération absolue, mais une corruption absolue, à savoir du feu[3]. Telle est
également la théorie de Parménide, quand il dit que les choses
< en lesquelles le changement a lieu > sont au nombre de deux,
assurant que ces deux choses, savoir l'être et le non-être, sont
le feu et la terre[4]. Que ce soit cela ou d'autres choses analogues
qu'on suppose, peu importe, car ce que nous recherchons, c'est
le mode de ces changements et non leur sujet. Le passage au
10 non-être absolu est donc une corruption absolue, tandis que
le passage à l'être absolu est une génération absolue. Ainsi,
toutes les fois que les termes qui définissent le changement

---

1. A) Première distinction entre la *generatio simpliciter* et la *generatio secundum quid*. Si le changement sunbstantiel se fait en un état positif (τὸ ὄν), nous parlons d'une γένεσις ἁπλῆ (ou d'une φθορά τινος); s'il se fait en un état négatif (τὸ μὴ ὄν), nous parlons d'une γένεσις τίς (ou d'une φθορά ἁπλῆ). La distinction réside donc dans l'état positif ou négatif de la matière du changement.

2. C'est-à-dire une φθορά τίς.

3. Le feu est positif, car il est plus réel en raison de ce qu'il est formé par le chaud, qualité positive, informant la πρώτη ὕλη. La terre, au contraire, est une réalité négative, car elle est formée par le froid, qualité négative, informant la πρώτη ὕλη.

4. Nous ponctuons, avec Burnet (*L'Aurore de la philosophie grecque*, p. 211, n. 2) et Joachim (p. 100): ὥσπερ Παρμενίδης λέγει δύο τὸ ὂν καὶ τὸ μὴ ὂν εἶναι φάσκων πῦρ καὶ γῆν. – Sur la théorie de Parménide, cf. *Metaph.*, A, 5, 986 b 27. Conformément à l'opinion de Burnet (*op. cit.*, p. 211), on doit admettre que Parménide ne fait qu'exposer l'opinion dominante de son temps, sans la faire sienne.

seront soit le feu et la terre, soit quelque autre couple de
contraires, l'un d'eux sera l'être, et l'autre, le non-être [1].

Voilà donc une première façon dont la génération et la
corruption absolues diffèrent de la génération et de la corruption non-absolues; mais elles diffèrent d'une autre façon
encore, c'est par la nature spéciale du sujet matériel [2]. Pour un
sujet matériel, en effet, plus ses différences signifient un être   15
déterminé, plus il est lui-même substance; mais si elles signifient une privation, il est alors non-être: ainsi le chaud est un
prédicat positif et une forme, et le froid, une privation, et la
distinction de la terre et du feu relève de ces différences.

Suivant l'opinion générale cependant, la différence réside
plutôt dans la distinction du sensible et du non-sensible [3].

1. Nous construisons, avec Joachim, οἷς οὖν διώριστον <τὰ εἰς ἃ
μεταβάλλει τὸ μεταβάλλον> εἴτε πυρὶ καὶ γῇ...

2. A) Seconde distinction entre la *generatio simpliciter* et la *generatio
secundum quid*. Cette seconde différence dans la matière prochaine consiste
dans le degré de réalité de cette matière. Il y aura γένεσις ἁπλῆ quand la
substance sera plus réelle; si elle est moins réelle, ce sera une γένεσις τίς. Le
feu est plus réel que la terre à raison de ce que sa qualité informante, la chaleur,
est un état positif, tandis que le froid est état négatif. Le changement de la terre
vers le feu (par les éléments intermédiaires) sera donc une γένεσις ἁπλῆ.
– Joachim, (p. 101) fait remarquer, avec raison, qu'Aristote accepte lui aussi
cette distinction, puisque, selon sa propre doctrine, le degré de réalité d'un être
se mesure par le rang qu'il occupe dans la hiérarchie des êtres à partir de la
Forme pure (Dieu), chaque substance composée étant matière et puissance pour
un σύνολον supérieur jusqu'à ce qu'on arrive à l'ἐνέργεια ἄνευ δυνάμεως.

3. A) Troisième distinction entre la *generatio simpliciter* et la *generatio
secundum quid*. Cette différence populaire dans la matière prochaine réside
dans l'apparence sensible ou non sensible de cette matière. Est réel ce qu'on
perçoit, et il y aura γένεσις ou φθορά ἁπλῶς quand une chose matérielle
sensible apparaît ou disparaît (naissance d'un homme); γένεσις ou φθορά
τίς quand rien de sensible n'apparaît ou ne disparaît (devenir savant, ou
transformation de l'eau en air).

20 Ainsi, quand il y a changement en une matière sensible, on dit
qu'il y a génération, tandis que si c'est en une matière invisible, c'est une corruption. En effet, l'être et le non-être sont
< ordinairement > définis par ce qui est ou non susceptible
d'être perçu, de la même manière que le connaissable est et le
non-connaissable n'est pas, la sensation ayant ainsi valeur de
science [1]. De même donc qu'on s'estime d'ordinaire soi-même
25 vivre et exister tant qu'on sent ou qu'on a le pouvoir de sentir,
c'est ainsi qu'on en juge aussi pour les choses ; en un sens, on
est bien sur le chemin de la vérité, quoique cette opinion
commune, en elle-même ne soit pas vraie [2].

Il en résulte que l'opinion commune et la vérité [3] sont en
désaccord au sujet de la génération et de la corruption absolues. Le souffle, en effet, et l'air sont, pour la sensation, moins
30 réels (c'est pourquoi aussi les choses sont communément dites
périr absolument quand elles sont changées en souffle et en air,
et naître absolument quand elles sont changées en quelque

---

1. Saint Thomas explique parfaitement ce passage (*Comm.*, I, lect. 8, 293 [1]
et [2]) : *existimantes id quod solum sentitur esse ens : et hoc ideo quia apud eos
non differunt sensus ab intelligentia, sicut quidam posuerunt... et ideo utuntur
sensu ac si haberet virtutem intellectivae scientiae, quae est capax aliqualiter
omnium entium : unde scibile ens est, ignotum autem non ens.*

2. Cf. Saint Thomas, *ibid.*, 293 [2] : *sicut existimabant animalia vivere et
esse in hoc quod actu sentiunt vel possunt sentire, ita existimabant res esse in
hoc quod sentiuntur vel possunt sentiri.* Il en résulte, donc, que, de même qu'on
se définit par le *sentire* (ce qui est vrai), on définit les choses par le *sentiri* (ce qui
est faux, car il faudrait admettre que *nulla veritas esset in rebus*).

3. « La vérité » c'est-à-dire la seconde distinction, fondée sur le plus ou
moins de réalité de la matière prochaine, et acceptée comme vraie par Aristote
lui-même. Voir *supra*.

chose de tangible, c'est-à-dire en terre)[1], tandis que, selon la vérité, ils sont plus une chose déterminée et plus une forme que la terre.

Qu'il y ait donc une génération absolue, quoique ce soit une corruption de quelque chose, et une corruption absolue, quoique ce soit une génération de quelque chose, nous venons d'en expliquer la cause. C'est, en effet, la matière qui est la 35 cause de cette distinction : c'est parce qu'est ou substance, ou non-substance, ou plus substance, ou moins substance, ou plus 319 *a* sensible, ou moins sensible, la matière à partir de laquelle et vers laquelle les changements s'effectuent.

Mais pourquoi[2] certaines choses sont-elles dites devenir absolument, tandis que d'autres sont seulement dites devenir quelque chose, et non plus cette fois au sens où deux choses naissent réciproquement l'une de l'autre, de la façon dont nous l'avons envisagé jusqu'ici ? Jusqu'ici, en effet, voici seule- 5 ment ce que nous avons déterminé : pourquoi donc, étant donné que toute génération d'une chose est la corruption d'une autre, et toute corruption d'une chose la génération d'une autre, n'attribuons-nous pas semblablement la génération et la corruption à ces choses qui changent l'une dans l'autre ? Mais, pour la question posée en second lieu, le problème n'est pas le même : c'est, en effet, de savoir pourquoi alors ce qui étudie

---

1. Alors qu'en réalité c'est le contraire : le passage de l'air à la terre est une φθορά.

2. B) Explication de la seconde inexactitude de langage posée *supra*, 318 a 33-35. La différence entre la γένεσις (ou la φθορά) ἁπλῶς et la γένεσις (ou la φθορά) τίς vient de ce que la première a lieu κατ᾽ οὐσίαν et la seconde suivant les autres catégories.

10   n'est pas dit être engendré absolument, mais devenir savant,
alors que ce qui croît est dit naître [1].

Ces distinctions résultent des catégories. Certaines choses,
en effet, signifient une substance, d'autres une qualité,
d'autres une quantité. Alors tout ce qui ne signifie pas une
substance n'est pas dit devenir absolument, mais devenir
quelque chose. Néanmoins [2], dans toutes les catégories semblablement, nous parlons < simplement > de génération quand
15   il y a génération selon la colonne positive des contraires [3] ; par
exemple, dans la substance, si l'être devient feu, mais non s'il
devient terre, et, dans la qualité, s'il devient savant, mais non
s'il devient ignorant.

Nous avons ainsi expliqué pourquoi certaines choses
naissent absolument, et non d'autres, tant d'une manière générale [4] qu'en ce qui concerne les substances elles-mêmes ; et
aussi que le sujet est la cause, comme matière, de la continuité
de la génération, parce qu'il est la cause du changement qui
20   a pour termes les contraires, et que, dans les substances, la
génération d'une chose est toujours la corruption d'une autre,
et la corruption d'une chose, la génération d'une autre. Mais il
n'est même pas besoin de discuter la question de savoir
pourquoi une chose naît, bien que les choses soient constam-

---

1. Les plantes, en réalité, ne naissent pas, elles croissent à partir de la
semence.

2. Par analogie.

3. Mot à mot « une des deux colonnes », mais le sens détermine que c'est la
colonne positive (dans le même sens, *Metaph.*, Λ, 7, 1072 a 31 ; au sens privatif,
Phys., III, 2, 201 b 25, *Metaph.*, Γ, 2, 1004 b 27).

4. C'est-à-dire pour toutes les catégories. – L. 17, nous lisons, avec
Joachim, καὶ ὅλως καὶ ἐν ταῖς οὐσίαις αὐταῖς.

ment détruites[1]. En effet, de même qu'on parle de corruption absolue quand une chose passe au non-sensible et au non-être, de même aussi on dit qu'il y a génération à partir du non-être, **25** quand une chose procède du non-sensible. Que le sujet soit donc, ou non, quelque chose, la génération vient du non-être[2]. Il en résulte que c'est de la même façon, qu'une chose naît du non-être et qu'elle s'évanouit dans le non-être. Il est donc tout naturel que la génération ne fasse jamais défaut, puisque la génération est une corruption du non-être, et la corruption, une génération du non-être[3].

Mais au sujet de ce non-être absolu[4], on pourrait se **30** demander si l'un des contraires[5], tels que la terre, c'est-à-dire le pesant, est le non-être, tandis que le feu, c'est-à-dire le léger, est l'être, ou bien s'il n'en est rien, et si au contraire, la terre, elle aussi, est l'être, tandis que le non-être serait la matière[6], celle de la terre aussi bien que du feu. De plus[7], est-ce que la

---

1. C'est une réponse à l'objection posée *supra*, 318 a 12-23. La difficulté venait de l'impossibilité d'expliquer la perpétuité de la génération à partir du non-être absolu. Si, en fait, le non-être est le non-sensible, la difficulté disparaît : il n'y a ni génération *ex nihilo*, ni corruption *ad nihilum*.

2. Non-être doit être pris ici au sens populaire de *non-perceptible*.

3. Même remarque.

4. τὸ μὴ ὂν ἁπλῶς, *ce qui n'est pas absolument*; c'est la πρώτη ὕλη, pure puissance, au sens rigoureux, et non plus, comme tout à l'heure, le non-sensible. – Sur le sens précis de τὸ μὴ ὂν ἁπλῶς, cf. *supra*, 517 b 7, note.

5. Les corps simples (τὰ ἁπλᾶ σώματα), ou éléments, sont les premières substances concrètes résultant de l'information de la πρώτη ὕλη par des couples de qualités contraires.

6. La πρώτη ὕλη. Aristote se demande si, dans la transformation des éléments l'un d'eux joue le rôle de matière première : il n'en est rien, la matière première est distincte des éléments.

7. Seconde question.

matière est autre pour chacun < de ces éléments contraires >,
ou bien < est-elle identique, puisque autrement > ces éléments
319 b ne viendraient pas réciproquement l'un de l'autre, ni les
contraires, des contraires ? Car à ces éléments, au feu, à la terre,
à l'eau, à l'air, les contraires appartiennent comme attributs.
Ne serait-ce pas que la matière est, en un sens, la même, et, en
un autre sens, différente ? En effet, ce qui est le sujet de ces
contraires, quoi que ce soit, c'est une même chose [1], mais son
5 être n'est pas le même [2].

Mais en voilà assez là-dessus.

4
< L'Altération ; sa nature ; différence avec
la Génération et la Corruption >

Au sujet de la génération et de l'altération, disons
maintenant en quoi elles diffèrent, puisque nous affirmons que
ces changements sont distincts l'un de l'autre [3].

Puis donc que le sujet est quelque chose de différent de la
qualité, qui a pour nature de lui être attribuée, et que le chan-
10 gement peut se produire en chacun de ces cas, il y a altération

---

1. La πρώτη ὕλη, la puissance.
2. La πρώτη ὕλη n'existe en acte que dans ses différentes informations. Il
y a donc identité de la matière, en puissance seulement et non en acte. Cf. Saint
Thomas, *Comm.*, I, lect., 9, 296 [2].
3. Sur la différence entre l'ἀλλοίωσις, et la γένεσις et la φθορά, cf. *Phys.*,
V, 1, *init.*, et notre note, sous 314 a 7 *supra*, au sujet des espèces de changements. – L'ἀλλοίωσις est κίνησις κατὰ τὸ ποιόν, et elle a pour termes les
contraires ou leurs intermédiaires.

quand, le sujet, sujet sensible[1], demeurant le même, change
dans ses propres qualités, qu'elles soient des contraires ou des
intermédiaires. Par exemple, le corps qui était en bonne santé
tombe malade, tout en demeurant identique[2]; l'airain est rond
et puis il devient anguleux[3], tout en restant le même. Mais
quand c'est la chose, prise comme un tout[4], qui vient à   15
changer, et que rien de sensible ne demeure identique comme
sujet, quand, par exemple, la semence, comme un tout, produit
le blé, ou quand l'eau, comme un tout, produit l'air, ou l'air,
comme un tout, l'eau, un tel changement est dès lors génération d'une substance et corruption d'une autre, surtout si le
changement procède du non-sensible à ce qui est sensible[5] soit
au toucher, soit à tous les autres sens, comme lorsque l'eau   20
vient de l'air, ou se dissout en air, car l'air est à peu près non-
sensible. Si cependant, dans ces cas-là, quelque qualité, appartenant à une contrariété, demeure la même dans l'être engendré que dans l'être détruit, si, par exemple, quand l'air devient
eau, l'un et l'autre étaient diaphanes ou froids[6], il ne faut pas[7]
que la seconde chose, en laquelle se change la première, soit

1. C'est-à-dire un σύνολον, substance composée de forme et de matière,
et non pas un simple ὑποκείμενον, qui persiste même sous la γένεσις.
Cf. Joachim, p. 107.

2. Changement d'ἕξις ou διάθεσις, l'une des espèces de la ποιότης.

3. Changement de σχῆμα, autre espèce de ποιότης. – Sur le changement
qualitatif, cf. une doctrine un peu différente dans *Phys.*, VII, 3, 245 b 3, et
Metaph., Δ, 21, 1022 b 15-18.

4. «Prise comme un tout», c'est-à-dire comme un σύνολον, et non «la
chose entière», car toujours la πρώτη ὕλη persiste à titre d'ὑποκείμενον.

5. Dans ce cas, la γένεσις et la φθορά sont plus faciles à constater.

6. *Non quod aer sit naturaliter frigidus, sed per accidens* (Saint Thomas,
Comm., I, lect. 10, 298[1]).

7. Il faut sous-entendre ici, «pour qu'il y ait vraiment génération».

une qualité de cet élément permanent[1]; sinon, nous serons en
25   présence d'une altération. Voici, par exemple, l'homme musicien détruit et un homme non-musicien engendré, tandis que
l'homme demeure le même : si l'homme ne possédait pas
comme propriété essentielle[2] la qualité de musicien et celle de
non-musicien, il y aurait eu génération de celle-ci et corruption
de celle-là. C'est pourquoi, en ce qui regarde l'homme, ces
changements constituent des modifications, tandis qu'en ce
qui regarde l'homme musicien et l'homme non-musicien, ces
changements sont une génération et une corruption ; mais, en
30   réalité, cette qualité de musicien et de non-musicien est une
qualité du sujet permanent. Aussi de tels changements
constituent-ils une altération.

Ainsi, dans l'ordre de la quantité, le changement de
contraire à contraire, c'est l'accroissement et le décroissement ; selon le lieu, c'est la translation ; selon la propriété et la
qualité, l'altération ; mais si rien ne subsiste de ce dont l'autre
320 *a*   terme est une propriété ou un accident pris au sens général,
c'est alors soit une génération, soit une corruption.

1. À la différence de l'ἀλλοίωσις, qui suppose un sujet sensible permanent, un σύνολον (voir *supra*), la γένεσις suppose un simple ὑποκείμενον,
dans lequel rien de sensible ne doit subsister : c'est ainsi que l'eau ne doit pas
être une simple qualité du diaphane (sensible subsistant), sinon le changement
d'air en eau serait une simple altération.
2. Sur l'emploi du singulier πάθος, cf. Joachim, 109. – La μουσική et
l'ἀμουσία sont des propriétés καθ᾽ αὑτά, non pas qu'elles soient, comme la
ligne pour le triangle ou le point pour la ligne, des propriétés qui appartiennent à
l'essence même de l'homme et soient contenues dans sa définition, mais en ce
qu'il est impossible de les définir sans le nom ou la définition de l'homme :
l'homme est nécessairement musicien ou non-musicien, comme le nombre est
pair ou impair. Sur le sens de καθ᾽ αὑτά, le texte principal est *Anal. post.*, 1, 4,
73 a 37-b 3. Cf. aussi *Metaph.*, Δ, 18, 1022 a 29 et Z, 4, 1029 b 17.

Est matière, par dessus tout et au sens fondamental, le sujet, réceptacle de la génération et de la corruption. Mais l'est encore, en un certain sens, le sujet des autres espèces de changements, parce que tous ces sujets sont les réceptacles de certains contraires [1].

Ainsi donc, tant en ce qui concerne la génération et la corruption, – si elles existent ou non, et comment, – qu'en ce qui concerne l'altération, telle est notre façon de répondre. 5

5
< L'Accroissement et le Décroissement >

Mais il nous reste encore à parler de l'accroissement [2] : diffère-t-il de la génération et de l'altération ? Comment s'accroît chacune des choses qui s'accroissent, et comment décroît tout ce qui décroît ? 10

Il faut donc examiner d'abord [3] si la différence de ces changements entre eux consiste uniquement dans le sujet sur lequel porte cette différence mutuelle ; autrement dit, ce serait parce que le changement de ceci à cela (à savoir d'une substance en puissance à une substance en acte) est génération, le

---

1. Ainsi il y a une ὕλη pour la translation (φορά) : c'est la ὕλη τοπική (ou ὕλη πόθεν ποῖ), etc. ...

2. Aristote va traiter de l'accroissement particulièrement dans les êtres animés. Cf., pour des développements, *de Anima*, II, 4, et spécialement 416 a 19-b 31.

3. Première partie (jusqu'à b 34). Aristote montre le caractère dynamique de l'accroissement, caractère qu'il partage avec la γένεσις et l'ἀλλοίωσις (320 a 10-27) : l'être accru provient d'un autre être que lui-même et en acte, et non de sa simple puissance. C'est ainsi que l'eau ne *contient* pas la matière de l'air, mais elle *est* elle-même la matière de l'air (320 a 28-b 34).

changement selon la grandeur, accroissement et décroisse-
15   ment, et le changement selon la qualité, altération, accroissement et altération étant changement de ce qui est en puissance
à ce qui est, en entéléchie, respectivement grandeur et qualité.
Ou bien, y a-t-il aussi une différence dans la manière dont
s'opère le changement ? Car il est manifeste que l'altéré n'est
pas nécessairement changé selon le lieu [1], ni non plus l'engendré, tandis que l'augmenté ou le diminué l'est, quoique d'une
20   autre manière que le transporté [2]. En effet, le transporté change
tout entier de lieu, tandis que l'augmenté change seulement
comme ce qui est étiré [3] : il reste en place, et ce sont ses parties
qui changent selon le lieu, non pas de la même façon toutefois
que celles de la sphère, car les parties de la sphère changent, le
tout continuant d'occuper un lieu égal [4] ; au contraire, celles de
l'augmenté s'étendent sur un lieu toujours plus grand, et les
parties du diminué, sur un lieu toujours plus petit.

25   Que donc le changement diffère non seulement quant au
sujet sur lequel il porte, mais encore dans la façon dont il
s'effectue, qu'il s'agisse de l'engendré, de l'altéré, ou de
l'augmenté, c'est l'évidence. Mais en ce qui concerne ce au
sujet de quoi s'effectue ce changement qui est accroissement
ou décroissement (cela paraît bien être la grandeur [5] pour le
fait d'augmenter ou de diminuer), de quelle façon faut-il le

---

1. Par une expansion ou une contraction.
2. τὸ φερόμενον, ce qui est mû selon la φορά.
3. τὸ ἐλαυνόμενον, *quod distendi et produci solet*, et, explique Saint
Thomas, *puta metallum per malleationem* (*Comm.*, I, lect. 11, 301 [1]).
4. Les parties d'une sphère en révolution changent de place, tandis que la
sphère prise comme un tout occupe toujours le même lieu.
5. Comme Aristote l'a déjà indiqué ci-dessus, l. 14.

concevoir[1]? Est-ce de ce qui est en puissance grandeur et 30
corps, mais en entéléchie incorporel et non-grandeur[2], que
procèdent corps et grandeur, et, ce processus pouvant être
compris de deux façons, quelle est celle dont l'accroissement
se produit? Le changement s'opère-t-il à partir de la matière
séparée et existant par soi, ou bien de la matière < séparée,
mais > contenue dans un autre corps? N'est-ce pas plutôt
impossible d'une façon comme de l'autre?

   La matière, en effet[3], étant séparée, ou bien elle 320*b*
n'occupera aucun lieu, comme un point[4], ou bien elle sera un

---

   1. Autrement dit : comment l'αὔξησις se produit-elle? Question posée dès
le début du présent chapitre. Aristote va donc étudier (jusqu'à b 34) la nature de
ce qui croît (τό αὐξανόμενον, *materia in qua*) : ce sera une μέγεθος en acte; ce
qui accroît (τό ῷ αὐξάνεται ou τό αὖξον, *materia ex qua*) sera aussi une
μέγεθος en acte; mais l'un et l'autre seront également d'une certaine manière
en puissance.
   2. Hypothèse déjà marquée l. 18, ci-dessus : c'est la première façon dont le
corps et la grandeur procèdent. La seconde façon n'est pas exprimée, mais elle
est impliquée 320 b 12-14, *infra* : le corps et la grandeur procéderaient d'une
matière corporelle en acte et d'une grandeur en acte, non séparées du corps. Ce
sera la solution d'Aristote. – Le πότερον de la l. 32 ne répond donc pas au
πότερον de la l. 29; il répond à ῆ, l. 33 : étant donnée la première hypothèse
d'une matière envisagée comme incorporelle et non-grandeur en entéléchie
(τούτου, l. 31), le changement peut s'effectuer à partir d'une telle matière, soit
existant à part et par soi, soit existant à part, mais considérée, en un sens, comme
une partie du corps qui la contient. En réalité, déclare Aristote, c'est, de toute
façon, impossible. Il faut remarquer que, dans ces deux cas, malgré le silence du
texte, la matière est supposée κεχωρισμένη : aussi l'avons-nous indiqué entre
crochets.
   3. Aristote va expliquer pourquoi il est impossible que l'αὔξησις se
produise à partir d'une matière séparée, incorporelle et sans grandeur en acte,
qu'on admette ou non que cette matière soit extérieure ou intérieure au corps.
   4. L. 320 b 1, nous supprimons, avec Joachim (p. 115), ῆ devant οἷον : le
point a sans doute une position (θέσις), mais non un lieu (τόπος).

vide et un corps non sensible[1]. Mais de ces hypothèses, la première n'est pas possible, et la seconde implique nécessairement que la matière est contenue dans quelque autre corps. <Dans le premier cas, en effet>, toujours sera quelque part ce qui est engendré de cette matière incorporelle, de sorte qu'elle aussi doit être quelque part[2] soit par essence, soit du moins par

5   accident[3]. <Dans le second cas>, si la matière se trouve dans un autre corps, et que cependant elle reste séparée de telle sorte qu'elle ne soit une partie de ce corps ni par essence, ni par accident, il en résultera de nombreuses impossibilités. C'est comme si l'on disait que, par exemple, quand l'air vient de l'eau[4], <ce processus est dû> non à un changement de l'eau, mais au fait que la matière de l'air serait contenue dans l'eau

10   comme dans un vase. Or rien n'empêche qu'il y ait une infinité numérique de matières <ainsi contenues dans l'eau>, de sorte qu'elles pourraient aussi devenir en entéléchie <une quantité infinie d'air>[5]; de plus, il n'apparaît nullement que l'air

---

1. Sur la nature du vide, cf. *Phys.*, IV, 6-9 : le vide n'existe pas, c'est un simple intervalle (διάστημα). Cf. surtout *Phys.*, IV, 6, 213 a 27-31, b 31 et 214 a 11. La matière serait ainsi enclose dans un autre corps, comme dans un vase qui la contiendrait.

2. Ce qui est πού doit provenir d'une chose qui soit elle-même πού. Être πού c'est être ἐν τόπῳ (*Phys.*, IV, 4, 211 b 10-14, 212 a 5-7), et le point n'est pas dans un lieu : suivant leurs situations relativement à nous, les μαθηματικά ont droite ou gauche, mais leur position est seulement objet de pensée (μόνον αὐτῶν νοεῖσθαι τὴν θέσιν. – *Phys.*, IV, 1, 208 b 24).

3. C'est-à-dire *per aliud*.

4. Comparaison de la matière de l'αὔξησις avec celle de la γένεσις.

5. Interprétation de Zabarella, suivie par Joachim, p. 117 : rien ne limiterait la quantité de matière contenue dans l'eau, de sorte qu'un volume limité d'eau engendrerait un volume illimité d'air, ce qui est évidemment impossible.

vienne de l'eau de cette façon-là, c'est-à-dire en se retirant d'elle, qui resterait inchangée[1].

Il est donc préférable de faire, dans tous les cas, la matière non-séparée du corps, comme étant avec lui une et identique numériquement, et seulement distincte de lui logiquement[2]. Mais nous ne devons pas poser comme des points ou des lignes 15 la matière d'où vient le corps, et ce, pour les mêmes raisons. C'est ce dont les points ou les lignes sont les limites, qui est la matière, laquelle jamais ne peut exister indépendamment de la qualité, ni indépendamment de la forme[3].

Maintenant, une chose naît absolument d'une autre, ainsi que nous l'avons établi ailleurs[4], et sa cause efficiente est soit une chose en acte (de même espèce ou de même genre par 20 exemple, le feu est engendré par le feu, et un homme par un homme), soit une entéléchie; en effet, le sec n'est pas engendré

1. La γένεσις de l'air serait le simple retrait de l'air contenu dans l'eau, laquelle demeurerait eau, ce qui est contraire aux faits, car *quod generatur ex corrupto*.

2. C'est la solution proposée par Aristote dans la γένεσις de l'air par l'eau, la matière de cette génération est ἀχώριστος de l'eau elle-même, elle ne s'en distingue que τῷ λόγῳ. – πᾶσιν, l. b 13 implique, ici l'αὔξησις. La matière de l'accroissement n'est donc pas distincte du corps lui-même en acte et en possession de la grandeur; elle est seulement l'objet d'une distinction logique.

3. Sur les μαθηματικά comme constituant le réel (doctrine des Pythagoriciens et de Platon), cf. *Metaph.*, B, 5, *init.*; Z, 11, 1036 b 7, et *passim*. Les μαθηματικά (points, lignes, surfaces, solides mathématiques) sont des choses incorporelles en acte et ne peuvent engendrer un corps ayant une grandeur : ce sont seulement les limites des corps réels. – L. 17, μορφή est à peu près synonyme de εἶδος, mais ce mot désigne plutôt les *contours* extérieurs de l'objet. La véritable traduction serait *configuration*. Cf. Hamelin, *Physique II*, p. 42.

4. *Metaph.*, Z, 7, *init.*, et *Phys.*, I, 7.

par le sec[1]. – Néanmoins, puisqu'il y a aussi une matière pour
la substance corporelle, cette substance corporelle ayant, il est
vrai, déjà telle nature déterminée (car le corps en général n'est
rien), cette même matière est aussi la matière de la grandeur et
de la quantité, logiquement séparable, mais, selon le lieu, non
25 séparable, à moins d'admettre que les qualités ne soient aussi
séparables < des substances >[2].

1. Le commencement de ce paragraphe (l. 19-21) constitue une simple
digression, qui rompt l'enchaînement des idées. Aristote rappelle sa doctrine
bien connue suivant laquelle l'être en acte est à l'origine de tout devenir. Cet
être en acte peut être : a) une *chose en acte*, c'est-à-dire une forme engagée dans
la matière et identique avec la chose produite, soit spécifiquement (le feu à
l'égard du feu, l'homme à l'égard de l'homme), soit génétiquement (le sec, qui
a pour cause, non le sec, mais le chaud); b) pour les ποιήσεις proprement dites,
résultat de la τέχνη, une *forme*, qui est dans l'esprit de l'artiste à l'état d'entéléchie. Cf. *Metaph.*, *passim*, et notamment Z, 7, tout entier. – On remarquera
que le raisonnement d'Aristote est décousu et a besoin d'être rétabli. Les
derniers mots de la l. 21 « car le sec n'est pas engendré par le sec » est un
exemple, non pas de production par une pure entéléchie, mais de génération par
une chose en acte de même genre. On doit donc lire : « ... et que sa cause efficiente est toujours soit une chose en acte (qu'elle soit de même genre, car le sec
n'est pas engendré par le sec, ou de même espèce, car le feu est engendré par
le feu, et l'homme par l'homme), soit une entéléchie, etc. ... ». – L. 19, nous
supprimons, avec Joachim, ἀεί.
2. Abstraction faite des l. 19-21 que nous venons d'expliquer, la thèse
d'Aristote, à partir de b 17, est celle-ci : la matière d'une chose est elle-même
un autre corps en acte, déterminé dans sa quantité, sa grandeur et ses attributs,
car il n'existe pas de corps en général, privé de toute détermination. Cette
matière est la même pour tous les changements, et ce n'est que τῷ λόγῳ qu'on
peut distinguer une ὕλη σωματικῆς οὐσίας (pour la γένεσις), une ὕλη μεγέθους (pour l'αὔξησις et la φθίσις) et une ὕλη πάθους (pour l'ἀλλοίωσις), et
séparer ces matières tant l'une de l'autre que du corps en entéléchie. Dans la
réalité (dans le *lieu*, dit Aristote), la séparation n'est pas possible entre les
déterminations quantitatives ou qualitatives de la substance et cette substance
elle-même, autrement les qualités pourraient exister à part de la substance, ce
qui est une absurdité.

Il résulte manifestement de cet exposé[1] que l'accroissement n'est pas un changement à partir d'une chose qui,
grandeur en puissance, ne possède en entéléchie aucune
grandeur. Car le vide existerait à l'état séparé, ce qui est
impossible, avons-nous dit antérieurement dans un autre
travail[2]. Bien plus, un changement de cette nature n'est pas
particulier à l'accroissement, mais il est le fait de la génération
absolue, car l'accroissement est une augmentation d'une 30
grandeur déjà existante, et le décroissement, une diminution
de cette grandeur, et c'est la raison pour laquelle l'augmenté
doit posséder quelque grandeur. Aussi ne faut-il pas considérer l'accroissement comme allant d'une matière sans
grandeur à une entéléchie de grandeur, car ce serait là plutôt
génération d'un corps qu'accroissement.

Il faut donc de préférence, comme si nous reprenions 321 *a*
la question dès son début, nous rendre compte de quelle
espèce est cet accroissement ou ce décroissement dont nous
cherchons les causes[3].

Il apparaît, en fait, que toute partie quelconque de
l'augmenté a augmenté, et qu'également, dans la diminution,
chaque partie est devenue plus petite, et qu'en outre, c'est par
l'accession de quelque chose que se produit l'accroissement,

---

1. 320 a 27-b 12.
2. *Phys.*, IV, 6-9. Le vide existerait à l'état séparé, comme étant la matière
de l'αὐξανόμενον.
3. Seconde partie, qui se poursuit jusqu'à la fin du chapitre. Elle établit
les caractères spécifiques du changement en question, en le distinguant plus
profondément de la γένεσις et de l'ἀλλοίωσις, en ce qui concerne surtout les
êtres animés. Cf. *de Anima*, II, 4.

et par la perte de quelque chose, le décroissement[1]. Nécessai-
5 rement donc, l'accroissement a lieu par l'accession soit d'un
incorporel, soit d'un corps. Or si c'est d'un incorporel, il devra
y avoir un vide à l'état séparé[2]; mais il est impossible que la
matière de la grandeur existe à l'état séparé, ainsi que nous
l'avons dit précédemment[3]. Et si c'est d'un corps, deux corps
occuperont alors le même lieu, savoir l'augmenté et l'augmen-
tant; or cela aussi est impossible[4].

Mais il n'est pas possible non plus de soutenir que
10 l'accroissement ou le décroissement se produit de la façon,
dont par exemple, l'air vient de l'eau. Alors, en effet, quoique
la masse soit devenue plus grande, ce ne sera pas un accroissement, mais une génération du terme vers lequel le changement
aura lieu, accompagnée d'une corruption du terme contraire.
Mais il n'y a accroissement ni de l'un, ni de l'autre terme; il
n'y a accroissement de rien, ou bien ce serait qu'alors quelque
chose de commun appartiendrait aux deux termes, savoir à
15 l'engendré et au corrompu, par exemple un corps. Alors l'eau
n'aurait pas augmenté, ni l'air, mais le premier terme aurait
péri et l'autre aurait été engendré; et c'est le corps, s'il y a eu
augmentation, qui aurait augmenté. Pourtant cela aussi est

---

1. Deux conditions de l'αὔξησις. Une troisième sera donnée *infra*, l. 9-29.

2. En effet la nourriture sera la place vide d'un corps existant indépendamment de ce corps, ce qui entraînerait l'existence d'une ὕλν μεγέθους,
indépendante du corps en entéléchie.

3. 320 b 17-25.

4. Selon Aristote, l'aliment comme le corps qui croît, sont des corps en
entéléchie. L'accroissement se produit en réalité par une expansion intensive et
continue du corps, et le décroissement, par une contraction intensive et continue, sans qu'il y ait lieu de faire intervenir des corps ou des vides qui permet-
traient la compénétration de l'aliment.

impossible. Il faut, en effet, sauvegarder, dans notre définition, les caractères essentiels de l'augmenté et du diminué. Or, ces caractères sont au nombre de trois[1] : le premier d'entre eux est que toute partie quelconque de la grandeur qui s'accroît devient elle-même plus grande : par exemple, si c'est de la 20 chair < qui s'accroit, chaque partie > de la chair < devient plus grande > ; le second < est que l'accroissement se produit > par l'accession de quelque chose, et le troisième, que l'augmenté est conservé et persiste. Alors que, en effet, dans la génération ou dans la corruption absolue d'une chose, il n'y a pas permanence, dans l'altération, ou dans l'augmentation, ou dans la diminution, l'augmenté ou l'altéré reste identique, bien que, 25 selon le cas, la qualité ou la grandeur ne demeure pas la même. Si l'on veut donc que la génération en question[2] soit un accroissement, une chose pourra s'accroître sans accession ni permanence de quoi que ce soit, et décroître, sans perte de quoi que ce soit, et l'augmenté ne persistera pas. Or ce dernier caractère doit être sauvegardé, car tel est < pour nous > le fondement même de l'accroissement.

On pourrait, en outre, se poser la question de savoir qu'est-ce qui est l'augmenté[3]. Est-ce ce à quoi quelque chose est 30 ajouté ? Par exemple, si la jambe d'un homme s'accroît, est-ce la jambe même qui est plus grande, et non ce par quoi elle

---

1. Énumération des conditions de l'αὔξησις. Arsitote reprend les deux conditions précédemment indiquées l. a 2, et en ajoute une troisième : la permanence de l'αὐξανόμενον.

2. C'est-à-dire celle de l'air par rapport à l'eau.

3. Qu'est-ce qui grandit ? La jambe ? L'aliment ? La jambe et l'aliment ? Aristote répond : la jambe, car seule elle a conservé sa permanence substantielle, tandis que la nourriture s'est transformée.

s'accroît, savoir l'aliment? Pourquoi donc l'une et l'autre chose ensemble n'ont-elles pas augmenté? Car ce à quoi on ajoute quelque chose et ce par quoi on accroît, deviennent l'un et l'autre plus grands, comme quand on mélange du vin avec de l'eau; chacun de ces liquides devient, en effet, d'une façon semblable, plus volumineux. Ne serait-ce pas parce que la substance de la jambe demeure, tandis que la nature de l'autre

35   chose, c'est-à-dire de l'aliment, ne demeure pas, puisque, même là aussi < dans le mélange de vin et d'eau >[1], c'est le

321 *b*   liquide qui l'emporte qui est dit avoir augmenté? Ce sera, par exemple, le vin, parce que c'est comme vin, et non comme eau, qu'agit le mélange composé. Il en est de même pour l'altération; si la chair persiste dans son être et dans son essence, mais que quelque propriété essentielle vienne à lui appartenir alors qu'auparavant elle ne lui appartenait pas, ce sera une

5   altération; d'un autre côté, ce par quoi elle a été altérée[2], tantôt peut n'avoir subi aucun changement, tantôt peut, lui aussi, avoir subi un changement. Mais cependant l'agent de l'altération[3] et le principe du mouvement sont respectivement dans l'augmenté et dans l'altéré; en eux, en effet, est la cause efficiente. Même s'il arrivait que l'aliment entré dans le corps devînt plus grand, aussi bien que le corps qui l'a consommé (par exemple, si, une fois entré, il était converti en souffle), du

---

1. Qui, à première vue, constituait un exemple contraire à notre doctrine.
2. Correspondant à τό αὐξον, τὸ ᾧ αὐξάνεται.
3. Correspondant à τὸ αὐξητικόν, cause efficiente de l'αὔξησις; c'est l'agent altérant, le feu, par exemple.

moins est-il détruit quand il a subi ce changement, et la cause 10
efficiente n'est-elle pas en lui [1].

Nous avons consacré un développement suffisant à ces
difficultés. Il nous faut aussi tenter de trouver une solution du
problème de l'accroissement, en ayant soin de respecter tant la
permanence de l'augmenté que le fait que l'augmentation se
produit au moyen d'une accession, et la diminution au moyen
d'une perte, et qu'en outre toute particule sensible quelconque
devient ou plus grande ou plus petite. < Nous devons admettre
aussi > que le corps qui s'accroît n'est pas vide et qu'il ne 15
constitue pas deux grandeurs occupant le même lieu, et
qu'enfin il ne s'accroît pas par l'accession d'un incorporel.

Pour appréhender la cause de l'accroissement, il faut
observer deux distinctions : d'abord que les anoméomères
s'accroissent par le seul fait que leurs homéomères croissent
(car chaque anoméomère en est constitué) [2] et ensuite que la
chair, l'os, et chacune de ces parties constituantes ont deux
acceptions, comme chacune des autres choses dont la forme 20
est engagée dans la matière, car et la matière et la forme sont
appelées chair ou os [3].

---

1. Le raisonnement d'Aristote manque de clarté. Voici comment Joachim,
p. 127, le rétablit. De même que pour l'αὔξησις, on dira que pour l'ἀλλοίωσις,
c'est seulement l'ἀλλοιούμενον qui est altéré, même si en fait l'agent altérant a
été lui-même altéré. Revenant à l'αὔξησις, Aristote remarque que, même si
l'aliment grandissait comme le corps, il n'est pas cependant τὸ αὐξανόμενον,
car sa substance est détruite, et la cause efficiente (l'âme) n'est pas en lui, mais
dans le corps vivant. – L. 7, nous mettons un point après τὸ κινοῦν par contre,
après πνεῦμα, l. 9, nous continuons la phrase (en ce sens, Joachim).

2. Sur les homéomères et les anoméomères, cf. *supra*, I, 1, 314 a 19, note.

3. Les homéomères sont matière en tant que simples composés, et forme à
raison de la proportion, de la raison (λόγος) de leurs éléments. Même distinc-

Maintenant, que toute partie quelconque de ces substances s'accroisse, et s'accroisse par l'accession de quelque chose, si c'est en tant que forme, c'est possible, mais non pas si c'est en tant que matière. Il faut, en effet, concevoir ces substances à la façon d'une eau qui serait mesurée par une même mesure : la
25   nouvelle portion produite est toujours différente de la précédente. Et c'est ainsi que s'accroît la matière de la chair : ce n'est pas parce qu'une nouvelle matière entre dans chacune de ses parties, mais parce qu'une partie s'écoule et qu'une autre survient. Mais si nous considérons la figure et la forme, c'est dans chacune de leurs parties que se fait l'accroissement [1].

La chose est plus évidente en ce qui concerne les anoméomères : pour la main, par exemple, on voit nettement

---

tion pour les anoméomères, mais, en outre, la forme est ici, non seulement le λόγος des parties, mais l'âme de l'ἔμψυχον qui anime chacun des organes.

1. La forme, l'âme (ψυχὴ γεννητική ou αὐξητική) est un σχῆμα, une loi de proportion immanente au corps, et qui persiste et s'impose à la matière dont le flux est incessant. La comparaison avec « l'eau qui serait mesurée par une même mesure » est bien expliquée et développée par Saint Thomas, *Comm.*, I, lect. 15, 310 [2] : *si quis mensuret aquam eadem mensura, ita tamen quod semper sit alia et alia aqua, puta, si ex vase pleno aqua, guttatim aqua effluat, et guttatim semper infundatur.* Et Saint Thomas ajoute d'autres comparaisons qui éclairent la pensée d'Aristote : *simile de fluvio, qui manet idem quantum ad speciem fluvii, materialis tamen aqua semper alia et alia ... ; in igne, cujus species semper manet; ... in populo civitatis, etc ...* Il en est donc ainsi de la chair, qui se renouvelle sans cesse *materia*, mais dans des limites formelles définies, de sorte que l'accroissement se produira seulement pour la forme engagée dans le corps. La forme, étant réalisée dans une matière, en épouse intimement chaque portion, et, en un sens, elle peut être dite avoir des parties et grandir dans toutes ses parties. On ne doit pas parler de l'âme et du corps comme de substances réellement distinctes; leur distinction est seulement d'ordre logique : ce qui existe, c'est un σύνολον, et l'âme (abstraction faite, bien entendu, de l'intellect agent) n'est que la forme du corps.

que l'accroissement a lieu selon une proportion[1], car la 30
distinction de la matière et de la forme est ici plus apparente
que pour la chair et les homéomères. C'est pourquoi aussi on
serait plus tenté de supposer qu'un cadavre est encore chair et
os, que de supposer qu'il est encore main ou bras.

Il en résulte que, en un sens, il est vrai que toute partie
quelconque de la chair a augmenté, mais que, en un autre sens,
ce n'est pas vrai. Au point de vue de la forme, il y a bien eu
accession à toute partie quelconque de la chair, mais, au point
de vue de la matière, il n'en est rien. Le tout[2] cependant devenu 35
plus grand, à raison, d'une part, de l'accession de quelque
chose, que nous appelons aliment et contraire < à la chair >, 322*a*
et, d'autre part, de la transformation de cet aliment dans la
même forme < que celle de la chair >[3] ; comme si, par exemple,
l'humide était ajouté au sec, et, l'accession accomplie, était
transformé et devenait sec. En un sens, en effet, le semblable
s'accroît par le semblable, mais, en un autre sens, le dissemblable s'accroît par le dissemblable.

On pourrait donc se demander quelle doit être la nature de
ce par quoi l'accroissement se produit. Evidemment, ce doit 5
être en puissance ce qui s'accroit, et, s'il s'agit de la chair par
exemple, la chair en puissance. En entéléchie, donc, ce sera
autre chose[4], et, par conséquent, cette autre chose, ayant péri,
est devenue chair. Cela même, elle ne l'est donc pas devenue

1. C'est-à-dire uniformément dans toutes les parties de la forme.
2. C'est-à-dire le σύνολον, le corps composé de la matière et de la forme.
3. L'aliment est d'abord dissemblable de la chair (« contraire » à la chair)
[sur le sens du mot ἐναντίον, cf. *de Anima*, II, 4, 416 a 29-34, et Rodier, *Traité
de l'Âme*, II, 238, note] ; il lui devient ensuite semblable par assimilation.
4. Du pain, par exemple.

par elle-même, car ç'aurait été une génération et non un accroissement[1] ; c'est, au contraire, l'augmenté qui est devenu chair par la nourriture. Comment donc la nourriture a-t-elle été modifiée par l'augmenté[2] ? Ne serait-ce pas parce qu'elle a été mélangée à la façon dont on verserait de l'eau dans du vin et
10 que le vin serait capable de convertir en vin le mélange[3] ? Et de même que le feu, s'emparant du combustible < le transforme en feu en entéléchie >, ainsi, dans l'augmenté, c'est-à-dire dans ce qui est chair en entéléchie, la cause efficiente imma-nente de l'accroissement, s'emparant de l'aliment accédant qui est chair en puissance, le fait chair en entéléchie[4]. Il y a donc coexistence, car s'il y avait séparation, ce serait une génération[5]. Il est possible, en effet, de produire du feu de cette façon, c'est-à-dire en jetant des bûches sur un feu déjà exis-
15 tant : c'est alors un accroissement mais quand on allume les premières bûches, c'est une génération.

La quantité prise universellement n'est pas plus engendrée < dans l'accroissement > que l'Animal en général, qui n'est ni homme, ni aucune autre espèce animale : ce que l'Animal en général est dans la génération, la Quantité en général,

1. L'αὐξητικόν réside, non dans l'aliment, mais dans l'αὐξανόμενον.
2. Sur les difficultés du texte, cf. Joachim, p. 133 ; avec lui, nous suppri-mons, l. 9, ηὐξήτη. – Le sujet de παθόν, l. 8, est τὸ αὖξον, l'aliment.
3. τὸ μιξθέν signifie le mélange d'eau et le vin, ou peut-être simplement l'eau (Joachim, p. 133).
4. Phrase difficile. Nous construisons, avec Joachim : Καὶ ὥσπερ τὸ πῦρ ἁψάμενον τοῦ καυστοῦ <ἐποίησεν ἐντελεχείᾳ νῦρ>, οὕτως, ἐν τῷ αὐξα-μέῳ καὶ ὄντι ἐντελεχείᾳ σαρκί, τὸ ἐνὸν αὐξητικόν, <ἁψάμενον τοῦ> προσελθόντος <καὶ> δυνάμει σαρκὸς, ἐποίησεν ἐντελεχείᾳ σάρκα.
5. Sur ἅμα et χωρίς, cf. Phys., V, 3, init.

l'est dans l'accroissement[1]. Mais < ce qui est produit dans
l'accroissement > est chair ou os < de telle quantité >; ou main
< ou bras, de telle dimension > c'est-à-dire les homéomères
< ayant telle quantité > de ces anoméomères. Il y a donc acces-
sion d'une certaine quantité, mais non d'une chair ayant telle   20
quantité. Dans la mesure donc[2] où l'aliment est, en puissance,
la réunion de l'une et de l'autre chose, c'est-à-dire est en puissance une chair de telle quantité, dans cette mesure il produit
l'accroissement, car il doit devenir à la fois telle quantité et
chair. Mais dans la mesure où il est, en puissance, chair seulement, il nourrit, car c'est de cette façon que diffèrent, dans
leurs définitions, nutrition et accroissement. Telle est la raison
pour laquelle il y a nutrition aussi longtemps que la vie du
corps est conservée, même s'il décroît, tandis qu'il n'y a pas
toujours accroissement. C'est aussi pourquoi la nutrition est,   25
d'un côté, identique à l'accroissement, et, d'un autre côté,

1. Dans la génération, l'engendré n'est pas l'Animal en général, mais tel
animal d'une espèce déterminée; de même dans l'accroissement, ce qui est
produit, ce n'est pas une quantité en général, car l'aliment est un corps en entéléchie d'une quantité déterminée, lequel est en puissance un autre corps en
entéléchie d'une quantité déterminée. – L. 19, Joachim ajoute ἢ βραχίων après
χείρ pour expliquer le pluriel τούτων. – L. 20, nous lisons, avec tous les manuscrits et tous les commentateurs, προσελθόντος μὲν δὴ τινος ποσοῦ, ἀλλ' οὐ
σαρκὸς ποσῆς, et la correction de Prantl, qui lit πινος ποσοῦ οὔκ, ἀλλὰ
σαρκὸς ποσῆς, nous semble malheureuse. Comme l'explique Saint Thomas
(*Comm.*, I, lect. 17, p. 313[2]), il s'agit de savoir *quid sit id quod auget. Si, per
augmentum, fieret quantum in universali, oporteret id quod advenit esse
quantum in potentia, et nullo modo in actu; sed, quia non generatur quantum in
universali, sed hoc quantum, puta caro : oportet id quod advenit esse quidem
aliquid in actu quantum, non autem carnem quantam sed solum in potentia.*
2. Pour l'explication des lignes 20-28, cf. *de Anima*, II, 4, 416 a 19 à la fin
du chapitre. Voir aussi Saint Thomas, *Comm.*, I, lect. 17, 314[1].

différente par son être. En effet, dans la mesure où ce qui a été ajouté est, en puissance, une chair de telle quantité, dans cette mesure il est principe d'accroissement de la chair; mais en tant qu'il est en puissance chair seulement, il est aliment. Et cette forme sans matière[1] est, comme une sorte de conduit, une puissance engagée dans la matière. Si donc ce qui vient s'ajouter <à titre d'aliment>, c'est une matière (laquelle 30 est, en puissance, un conduit et possède aussi en puissance une quantité déterminée), les conduits deviendront ainsi plus grands. Mais si cette forme n'est plus capable d'agir, si elle est comme de l'eau, qui, perpétuellement mélangée en quantité de plus en plus grande avec du vin, finit par diluer le vin et le convertir en eau, alors il y aura diminution de la quantité, bien que la forme demeure[2].

1. C'est la ψυχὴ αὐξητική. – L. 28, Joachim (p. 185) considère comme interpolés les mots ἄνευ ὕλης, mais ce n'est pas évident, même en adoptant son explication (voir note suivante).

2. L. 33, nous lisons, avec Joachim, 135, τὸ δ᾽ εἶδος μένει. – Tout ce passage est d'une extrême difficulté. Si, avec tous les manuscrits, on lit, l. 28, 30 et 31, ἄϋλος, le sens demeure inintelligible (ἄϋλος signifie *immatériel*, mais Aristote n'emploie ce mot nulle part; on le rencontre seulement chez les Néo-Platoniciens). – Nous admettons donc, avec Joachim, 138, qu'il faut lire αὐλός, qui a le sens de *conduit, tuyau, canal* se trouvant dans le corps de l'animal (cf. *Index aristotelicus*, 122 a 26), et voici alors quelle explication il faut donner du passage. L'âme αὐξητική est, nous l'avons vu 321 b 24-25, une mesure, une loi de proportion engagée dans la matière avec laquelle elle grandit et diminue, c'est un « sac de peau » (*a bag of skin*) suivant l'expression imagée de Joachim, mais ouvert à ses deux extrémités et qui est doué d'un pouvoir propre d'expansion et de contraction. L'apport d'aliment fait donc grandir l'âme avec le corps, mais il arrive un moment où l'énergie de l'âme est affaiblie par l'afflux ininterrompu de la matière, et où l'âme cesse de croître; elle finit même par diminuer. Seulement, à la différence du vin qui, à force d'être mélangé avec une quantité croissante d'eau, devient eau, la forme demeure.

6
< Le Contact >

Il faut d'abord traiter de la matière, c'est-à-dire de ce qu'on **322 b**
nomme les éléments[1]. Existent-ils ou non[2]? Autrement dit :
est-ce que chacun d'eux est éternel, ou y a-t-il une façon dont
ils sont engendrés? Et, s'ils sont engendrés, est-ce que tous
viennent les uns des autres de la même façon, ou bien
quelqu'un d'entre eux est-il premier[3]?

Il est donc nécessaire de commencer par des explications **5**
sur des sujets qu'on traite aujourd'hui sans précision.

Tous les philosophes, en effet, tant ceux qui engendrent les
éléments[4] que ceux qui engendrent les corps qui sont composés d'éléments[5], font appel à la séparation et à l'union, à
l'action et à la passion. Or l'union, c'est une mixtion; mais
comment se produit ce que nous appelons « être mélangé »,
c'est ce qui n'a pas été déterminé clairement. – D'autre part,

---

1. La matière dont il s'agit ici est, non pas la *matière première*, qui a déjà
été étudiée, mais la matière prochaine, qui se réalise dans les quatre éléments,
terre, eau, air, feu, lesquels, à leur tour, sont les éléments constitutifs des
homéomères. Aristote va discuter les causes de la génération.

2. Comme principes.

3. Ces questions seront traitées dans le Livre II. Aristote se contente d'examiner, pour le moment, les conditions auxquelles les quatre éléments sont la
matière prochaine des homéomères. Il faut une mixtion, laquelle implique
l'action et la passion, et, par suite, le contact. Ce sont ces notions qu'Aristote va
étudier, dans leur ordre logique, jusqu'à la fin du livre I : ἀφή (chap. 6), ποιεῖνπάσχειν (chap. 7-9), μίξις (chap. 10).

4. Anaxagore, les Atomistes et Platon, qui regardent les quatre éléments
comme dérivés.

5. Empédocle, pour qui les quatre éléments sont des principes irréductibles.

10   l'altération[1], pas plus que la séparation et l'union, n'est
     possible sans un agent et un patient. Non seulement, en effet,
     ceux qui posent une pluralité d'éléments engendrent le reste au
     moyen de leur action et de leur passion réciproques, mais
     encore ceux qui dérivent les êtres d'un seul élément sont égale-
     ment dans la nécessité d'introduire l'action, et c'est à bon droit
     que Diogène soutient que « si tous les êtres ne procédaient pas
15   d'un seul élément, il n'y aurait pas d'action et de passion
     réciproques »[2]. Ce qui est chaud, par exemple, ne pourrait
     se refroidir, et ce qui est froid ne pourrait, en revanche,
     s'échauffer, car ce n'est pas la chaleur et le froid qui se trans-
     forment l'un dans l'autre, mais il est évident que c'est leur
     substrat. Il en résulte que, partout où il y a action et passion
     entre deux choses, leur substrat doit être une seule nature. Sans
20   doute, il n'est pas vrai de dire que tel est le cas pour tous les
     êtres[3], mais c'est vrai de tous les êtres entre lesquels il existe
     une action et une passion réciproques.

     Mais si notre étude doit porter sur l'action et la passion et
     sur la mixtion, elle doit aussi porter sur le contact, car ne sont
     pas en puissance d'agir et de pâtir, au sens propre, les choses
     qui ne sont pas capables d'entrer en contact l'une avec l'autre,
25   et, sans un certain contact préalable, les choses ne peuvent non

---

1. Aristote passe aux philosophes qui n'admettent qu'un seul élément
(Thalès, Anaximène …). Or, dès le début du traité, il a été établi que ces philosophes doivent identifier γένεσις et ἀλλοίωσις. Mais, même pour ceux-là, il y
a nécessité d'admettre l'action et la passion.

2. Fragment 2 (Ritter et Pr., 208).

3. Tous les êtres n'ont pas le même substrat. Le Ciel des étoiles fixes
échappe, en effet, à cette règle, qui ne s'applique qu'au monde sublunaire.

plus commencer à se mélanger. Nous avons donc trois notions à définir : contact, mixtion, action.

Partons du principe suivant : toutes les choses qui admettent la mixtion doivent pouvoir entrer en contact réciproque ; et il en est ainsi de deux choses dont l'une agit et l'autre pâtit, au sens propre. C'est pourquoi nous devons d'abord traiter du contact.

Sans doute, de même que chacun des autres termes reçoit 30 une pluralité de significations, soit en raison d'une pure homonymie, soit parce que les uns dépendent d'autres qui leur sont antérieurs[1], ainsi en est-il également du contact. Pourtant ce qui est dit contact au sens propre[2], n'est attribué qu'aux êtres occupant une position. Mais la position, à son tour, appartient seulement aux êtres qui sont dans un lieu[3] ; pour les 323 a choses mathématiques, en effet, du moment qu'on leur attribue le contact, on doit aussi leur attribuer le lieu, soit que chacune d'elle existe à l'état séparé, soit qu'elle existe d'une autre manière[4]. Si donc, comme nous l'avons défini antérieu-

---

1. Aristote distingue soigneusement les συνώνυμα, les ὁμώνυμα et τὰ πρὸς ἕν (ou καθ' ἕν) λεγόμενα, ces dernières notions étant intermédiaires entre les deux autres. « Ce sont des homonymes d'une espèce particulière : avec eux, la communauté de nom a sa raison d'être en ce qu'il y a une certaine nature qui se manifeste en quelque façon en toutes leurs acceptions, relativement à laquelle elles sont ce qu'elles sont et qui sert de principe à leur dénomination commune » (Robin, *La Théorie platonicienne*, p. 151). Aristote les étudie tout au long de *Metaph.*, Γ, 2. – Sur les συνώνυμα et les ὁμώνυμα, cf. *supra*, I, 1, 314 a 21, note.

2. Dont les autres sens dérivent.

3. C'est-à-dire aux corps physiques, qui ont une grandeur.

4. Les μαθηματικά ne sont pas véritablement dans le lieu et n'ont pas de position ; seules les σώματα φυσικά du monde sublunaire, dont les μαθημα-τικά sont les déterminations, sont dans un lieu. Cependant les choses mathéma-

rement[1], le contact, c'est la coïncidence des extrémités, seront
5   seulement en contact ces choses qui, étant des grandeurs distinctes et occupant une position, coïncident par leurs extrémités. Et puisque la position appartient seulement aux êtres
qui sont déjà dans un lieu, et que la première différenciation du
lieu est le haut et le bas, et les couples opposés de même
nature[2], tous les êtres qui seront en contact réciproque auront
pesanteur ou légèreté, soit l'une et l'autre de ces déterminations, soit l'une d'elles[3]. Mais les corps qui sont ainsi
10   < pesants ou légers > sont actifs et passifs. Il est donc manifeste
que des corps sont naturellement en contact l'un avec l'autre
quand, étant des grandeurs séparées, ils coïncident par leurs
extrémités et sont capables d'être mus et de se donner mutuellement le mouvement[4].

Et puisque tout moteur ne meut pas le mû de la même
manière, mais que tel genre de moteur doit être mû lui-même

tiques ont une position relative par rapport à nous (droite et gauche, par
exemple) et occupent un espace imaginaire. Cf. Rodier, *Traité de l'Âme*, II, 126.
– Pour Platon, les μαθηματικά existent à l'état séparé.

1. *Phys.*, V, 3, 326 b 23. – Cf. aussi, Platon, *Parménide*, 149 a.

2. La périphérie du monde sublunaire, siège du feu (le léger absolu) est le
haut, le centre, siège de la terre (le lourd absolu), le bas ; entre les deux, l'air et
l'eau occupent un état intermédiaire entre le lourd et le léger. Cf. *de Coelo*, II, 2,
et un résumé intéressant de la doctrine d'Aristote dans Joachim, 145.

3. Le feu est léger, la terre, lourde ; l'air et l'eau sont à la fois relativement
légers et lourds.

4. Le raisonnement d'Aristote est le suivant. Le contact, au sens strict,
s'applique seulement aux choses ayant une position ; mais pour avoir une position, il faut occuper un lieu ; occuper un lieu, c'est être lourd ou léger ; être lourd
ou léger, c'est être actif ou passif. Donc, sont en contact, au sens strict, seulement les φυσικά σώματα du monde sublunaire, en contact réciproque et qui
agissent l'un sur l'autre, autrement dit : qui sont respectivement moteur et mû.

pour mouvoir tandis qu'un autre genre meut en étant lui-même non-mû[1], il est évident qu'en parlant de l'agent nous devrons faire la même distinction; et, en effet, le moteur est dit, en un sens agir, et l'agent, mouvoir. Mais il y a tout de même une différence, et il faut distinguer. En effet, tout moteur n'est pas capable d'agir, s'il est vrai que nous devons opposer l'agent au patient et si ce dernier terme < doit être réservé > aux êtres dont le mouvement est une affection, c'est-à-dire une qualité suivant laquelle ils sont mus seulement au sens d'être altérés, tels le blanc et le chaud[2]; en réalité, mouvoir est un terme plus large qu'agir. Voilà donc qui est clair : en un sens, les moteurs seraient en contact avec les mobiles, mais, en un autre sens, il ne le seraient pas. Mais voici la définition précise du contact : d'une façon générale, sont en contact les corps qui ont position et sont entre eux comme moteur et mû, et, d'autre part, sont

15

20

---

1. Il faut comprendre : « tel genre de moteur doit être mû lui-même par le mû pour mouvoir, tandis qu'un autre genre meut en étant lui-même non-mû par le mû ». Ce dernier cas est celui du premier Ciel qui n'est ἀκίνητος que par rapport au monde sublunaire, car il est lui-même mû par le premier Moteur ou Dieu. Le premier Ciel est donc moteur et agent, le monde sublunaire, mû et patient; mais ce dernier ne réagit pas sur le premier Ciel, qui n'est ainsi nulle-ment passif. Par suite, le contact n'est pas réciproque et c'est un simple contact au sens dérivé. Même distinction pour l'agent.

2. Ponctuation de Joachim. – Au sens strict, l'agent est celui qui cause dans un autre corps une certaine sorte de mouvement seulement, à savoir le mouve-ment qualitatif (πάθος), autrement dit, une ἀλλοίωσις. Dans ce cas, il y a réaction du corps agi sur le corps agissant. Cette sorte d'agent présuppose un contact réciproque (contact proprement dit), et ne peut exister qu'entre les corps lourds et les corps légers du monde sublunaire.

entre eux comme moteur et mû les corps qui sont doués d'action et de passion [1].

25 La plupart du temps, sans doute [2], ce qui est touché touche ce qui le touche. Et, en effet, tous les moteurs, ou peu s'en faut [3], de notre monde sublunaire, meuvent tout en étant mus, et, dans ces cas, il est nécessaire, et on observe d'ailleurs, que ce qui est touché touche ce qui le touche. Toutefois il est des cas où nous disons que le moteur touche simplement le mobile

30 sans que ce qui est touché touche ce qui le touche. Mais c'est parce que les moteurs de même genre que les mobiles meuvent en étant mûs [4], qu'on juge nécessaire de supposer le contact comme réciproque. Il en résulte que si une chose meut tout en étant non-mue [5], elle peut toucher le mobile tout en n'étant elle-même touchée par rien. Nous disons parfois, en effet, que celui qui nous fait de la peine nous touche, mais que nous ne le touchons pas.

En ce qui concerne le contact dans les êtres de la nature [6], telle est donc la façon dont il faut le définir.

---

1. Cette définition du contact est un *diorisme*, c'est-à-dire une définition qui détermine les conditions précises d'application de la notion. Pour être en contact, dit Aristote, il faut avoir telle qualité, et, pour avoir cette qualité, il faut avoir telle autre. – M. A. Diès a bien voulu traduire pour nous ce texte difficile, et nous a fourni les éléments de la présente note.

2. Nous concevons communément le contact comme réciproque, et il est difficile d'imaginer un contact unilatéral. Aristote va cependant essayer d'en donner une idée.

3. Le désirable meut sans être mû lui-même par celui qui désire.

4. En étant mus par les mobiles.

5. Non-mue par le mobile.

6. Par opposition à l'ἀφή des μαθηματικά et à l'ἀφή unilatéral du premier Ciel et du monde sublunaire.

7

< L'Action et la Passion >

C'est de l'action et de la passion qu'il faut parler ensuite. **323 b**
Les philosophes qui nous ont précédés nous ont transmis à ce
sujet des opinions contraires [1] les unes aux autres.

La plupart de ces philosophes sont unanimes pour déclarer,
d'une part, que le semblable n'est jamais affecté par le semblable, pour la raison qu'aucun des deux semblables n'est plus **5**
actif ou plus passif que l'autre (car les semblables ont toutes
leurs propriétés pareilles et identiques) [2], et, d'autre part, que
les choses dissemblables et différentes agissent et pâtissent
réciproquement en vertu de leur nature. Et, en effet, quand le
feu plus petit est détruit par le plus grand, c'est en vertu de sa
contrariété, disent-ils, qu'il subit cette action, car le beaucoup
est le contraire du peu. – Par contre, Démocrite, seul en face de **10**
tous les autres, a une doctrine originale [3]. Il soutient que l'agent
et le patient sont identiques et semblables, car il n'est pas
possible, dit-il, que des choses autres et différentes puissent
pâtir mutuellement ; mais, au contraire, même si des choses
autres agissent d'une certaine façon les unes sur les autres, ce
n'est pas en tant qu'autres mais en tant que possédant quelque
élément identique qu'elles se comportent ainsi.

Telles sont donc les doctrines < traditionnelles >, et il **15**
semble bien que les arguments de ceux qui raisonnent de cette

---

1. Le mot ὑπεναντίον est ici pratiquement synonyme de ἐναντίον.
2. L. 6, ὁμοίως a le sens de « au même degré ». Aristote veut dire que toutes
les propriétés qui appartiennent à l'un des semblables appartiennent aussi de la
même façon à l'autre.
3. Cf. *de Anima*, I, 5, 409 b 23 ; II, 5, 416 b 33.

façon soient manifestement contraires. Mais la raison de ce conflit d'opinions est qu'il faudrait envisager le sujet dans sa totalité, alors qu'en fait chaque groupe se trouve n'en envisager qu'une partie. En effet, le semblable, ce qui est tout à fait et en tout sens indifférencié, ne peut raisonnablement être
20   d'aucune façon affecté par son semblable[1] (car pourquoi l'un serait-il actif plutôt que l'autre? Et s'il est possible pour le semblable d'être affecté en quoi que ce soit par son semblable, une chose peut l'être aussi par elle-même[2]. Pourtant, s'il en était ainsi, il n'y aurait rien d'incorruptible ni d'immobile[3], s'il est vrai que le semblable, en tant que semblable, est actif, car toute chose pourrait alors se mouvoir elle-même). – Et s'il s'agit de ce qui est entièrement autre et qui n'est le même
25   en aucun sens, il en sera de même[4] : la blancheur ne pourrait être affectée d'aucune façon par la ligne, ni la ligne par la blancheur, sinon peut-être par accident, par exemple s'il arrivait à la ligne d'être blanche ou noire[5]. Car deux choses ne se peuvent faire sortir l'une l'autre de leur nature[6] si elles ne sont ni contraires, ni composées de contraires[7]. – Mais puisque ce

1. Dans une certaine mesure, la première théorie a donc raison.
2. Car rien n'est plus semblable à un être que lui-même.
3. Ce qui serait la ruine de toute physique, car le changement et le mouvement supposent des êtres immobiles et éternels. Cf. *Metaph.*, Λ, 6, 1071 b 3.
4. Démocrite a donc, lui aussi, raison, en un sens.
5. Mais alors il ne s'agit plus d'une altérité παντελῶς.
6. Sur le sens du verbe ἐξίστημι, l. 28, cf. Saint Thomas, *Comm.*, I, lect. 19, 320[2] : *id est non transmutant se ad invicem vel corrumpuntur. Cum enim illud quod corrumpitur vel generatur inducat aliam formam, dicitur fieri exterius a natura, id est forma, quam prius habebat, quae dicitur natura, ut dicitur in secundo* Physicorum (plus précisément, *Phys.*, II, 1, 193 a 30-b 21).
7. Car les contraires et les μεταξύ rentrent dans un même genre : le blanc et le noir sont des espèces dit genre couleur (Cf. *Metaph.*, I, 7, 1057 b 8-9).

n'est pas n'importe quoi qui peut naturellement agir et pâtir, 30
mais seulement ce qui est contraire ou renferme une contrariété[1], il faut nécessairement aussi que l'agent et le patient
soient génériquement semblables et identiques, mais spécifiquement dissemblables et contraires[2]. C'est par nature, en
effet, que le corps est affecté par le corps, la saveur par la
saveur, la couleur par la couleur, et, d'une manière générale, 324 *a*
l'homogène par l'homogène : la cause en est que les contraires
rentrent, en chaque cas, dans un même genre, et que sont
contraires les choses qui agissent et pâtissent réciproquement.
– Nécessairement donc, en un sens, il y a identité de l'agent et
du patient, mais, en un autre sens, il y a altérité et dissemblance
entre eux. Et puisque, d'une part, le patient et l'agent sont 5
génériquement identiques et semblables, et spécifiquement
dissemblables, et que, d'autre part, des choses présentant ces
caractères sont des contraires, il est clair que sont réciproquement actifs et passifs tant les contraires que leurs intermédiaires ; car la corruption et la génération, prises d'une
manière générale, n'existent qu'entre ces <contraires ou ces
intermédiaires>[3].

1. Ces derniers mots visent les μεταξύ, qui sont relativement contraires.
2. Telle est donc la solution d'Aristote, et elle apparaît comme une
moyenne des deux doctrines critiquées : l'action et la passion ne s'expliquent
ni par le semblable absolu, ni par le dissemblable absolu. En fait, il faut des
choses semblables-dissemblables, semblables par le genre, dissemblables par
l'espèce, autrement dit, des contraires. Cf. *de Anima*, II, 5, 417 a 1-2.
3. La γένεσις et la φθορά, prises ὅλως, (c'est-à-dire englobant la γένεσις
et la φθορά ἁπλῶς comme la γένεσις et la φθορά τίς), ne peuvent exister
qu'entre des contraires ou des intermédiaires ; or l'action et la passion impli-
quent ἀλλοίωσις, laquelle est γένεσις ou φθορά τίς. Donc ποιεῖνπάσχειν
existe entre des contraires.

10   Nous pouvons dès lors comprendre pourquoi le feu brûle et
le froid refroidit, et, en général, pourquoi l'actif rend semblable à lui-même le patient. L'agent et le patient, en effet,
sont des contraires, et la génération a pour terme le contraire.
Nécessairement donc, le patient se change en l'agent, puisque
seulement ainsi il y aura génération vers le contraire. On
comprend aussi que les partisans des deux théories <criti-
15   quées>, malgré leur divergence, restent pourtant en contact
avec la nature; car, tantôt nous appelons passif le substrat
(l'homme, par exemple, est en bonne santé, a chaud, a froid, et
de même dans tous les autres cas), tantôt nous disons que le
froid s'échauffe et que le malade se guérit : et, d'une façon
comme de l'autre, nous exprimons la vérité. Même distinction
20   aussi en ce qui concerne l'agent : tantôt c'est l'homme dont
nous disons qu'il échauffe, tantôt c'est le chaud. En un sens,
en effet, c'est la matière qui pâtit, et, en un autre sens, c'est
le contraire. Et ainsi <parmi les philosophes>, les uns, dont
l'attention était attirée vers le substrat, ont pensé qu'un
élément identique devait appartenir à l'agent et au patient; les
autres, dont l'attention était attirée vers les contraires, <ont
soutenu une thèse> tout opposée[1].

25   Nous devons nous former, au sujet de l'agent et du patient,
la même notion que nous nous formons au sujet du moteur et
du mû. Le moteur, en effet, se prend, lui aussi, en deux sens : ce
en quoi réside le principe du mouvement, on pense qu'il meut
(car le principe est premier parmi les causes), comme aussi ce

---

1. L. 22, ἐκεῖνο = τὸ ὑποκείμενον ; l. 23, θάτερα = τὰ ἐναντία.

qui est dernier avant le mobile et l'engendré[1]. Même distinction aussi pour l'agent : nous disons du médecin qu'il produit 30
la santé ; nous le disons aussi du vin[2]. Dans le mouvement, rien
n'empêche donc le premier moteur d'être non-mû[3] (et en ce
qui regarde certains < premier moteurs >[4], c'est même une
nécessité), tandis que le dernier toujours meut en étant lui-
même mû. Dans l'action, rien n'empêche non plus que le
premier agent soit impassible[5] et que seulement le dernier
agisse en pâtissant lui-même ; en effet, lorsque l'agent et le
patient n'ont pas la même matière, l'agent agit, tout en étant
lui-même impassible : tel est le cas de la médecine, qui produit 35
la santé sans rien subir elle-même du malade qu'elle guérit, 324 b
tandis qu'au contraire, l'aliment, en agissant, lui-même pâtit
en quelque manière, car il est échauffé ou refroidi, ou pâtit de
quelque autre façon, en même temps qu'il agit. La médecine
est comme le principe du mouvement, l'aliment comme le
moteur dernier et contigu.

Ainsi donc[6], celles des puissances actives dont la forme 5
n'est pas engagée dans la matière sont impassibles, tandis que
celles dont la forme est engagée dans la matière sont passibles.

---

1. Distinction de la cause première et de la cause prochaine ou dernière.
– L. 29, τὴν γένεσις = τὸ γιγνόμενον.

2. Le médecin est cause première (relativement première, évidemment);
le vin, ou tout autre aliment prescrit par le médecin, est cause prochaine.
Cf. *Metaph.*, Z, 7.

3. C'est-à-dire le premier Moteur n'est pas mû par le corps qu'il meut.
Cette immobilité n'est donc que relative, Dieu seul est ἀκίνητός absolument,
car même le premier Ciel est mû par le premier Moteur.

4. Dieu et les Intelligences des Sphères.

5. Par rapport au patient, lequel n'agit pas sur lui.

6. Conséquence de ce qui vient d'être dit.

Nous soutenons, en effet, que la matière est, pareillement pour ainsi dire, la même pour l'un ou l'autre des opposés, comme une sorte de genre[1], et que ce qui est chaud en puissance, si l'agent échauffant est présent et proche, nécessairement est
10   échauffé. Aussi, comme il a été dit, certaines puissances actives sont-elles impassibles, tandis que les autres sont passibles. Et ce qui a lieu pour le mouvement a lieu aussi pour les puissances actives, car, de même que, dans le mouvement, le premier Moteur est immobile, de même, dans les puissances actives, le premier Agent est impassible.

L'actif est cause au sens de source du mouvement. Mais ce
15   en vue de quoi il agit[2] n'est pas actif; c'est pourquoi la santé n'est pas active, sinon par métaphore. Car, l'agent une fois présent, le patient devient quelque chose de lui, mais, les états une fois présents, il ne devient plus, il est déjà[3]. Or les formes et les fins sont des sortes d'états[4] et c'est la matière, en tant que matière, qui est passive[5]. Ainsi donc, le feu contient le chaud engagé dans la matière, mais si un chaud pouvait exister séparé
20   de la matière, ce chaud ne pâtirait d'aucune façon[6]. Sans doute

1. Dont tous ces opposés seraient les espèces.
2. La cause finale. Contrairement à la doctrine générale d'Aristote, où la cause finale est la cause par excellence, en ce sens qu'elle meut la cause efficiente (cf. *de Anima*, III, 10, 433 a 9-10; *Metaph.*, Λ, 7, 1072 a 19-b 11).
3. Le patient s'assimile à l'agent à mesure que l'agent est là agissant; il prend peu à peu la forme que lui imprime l'agent. Mais, une fois réalisés les états qui sont la fin de pareilles actions, le patient ne devient plus rien : il est ces états mêmes. – Traduction et note dues à l'obligeance de M. A. Diès.
4. La santé est l'état de l'homme dans lequel l'homme se réalise entièrement comme dans sa forme. La santé, fin du corps, n'est donc pas cause, parce que l'homme qui la possède n'est rien de plus qu'homme.
5. Et qui contribue à la ποίησις comme cause matérielle.
6. Comme il a été dit plus haut, l. 4.

est-il impossible qu'il existe à l'état séparé, mais s'il y a de telles réalités[1], ce que nous disons s'y appliquera en toute vérité.

Nous avons ainsi déterminé la nature de l'action et de la passion, à quelles choses elles appartiennent, leur raison et leur manière d'être[2].

8
< L'Action et la Passion, suite >

Nous allons maintenant expliquer comment action et passion peuvent se produire. D'après l'opinion de certains philosophes[3], chaque chose pâtit quand, à travers certains pores, pénètre l'agent dernier, agent au sens propre, et c'est de cette façon, disent-ils, que nous voyons et entendons, et que tous nos autres sens perçoivent; ils ajoutent qu'on peut voir à travers l'air, l'eau et les autres diaphanes, parce que ces corps possèdent des pores, invisibles en raison de leur petitesse, mais denses et disposés en séries, et d'autant plus nombreux que les corps sont plus transparents[4].

1. Dieu, les Intelligences des Sphères, mentionnées déjà, 324 a 31.

2. « À quelle choses » (τίσι), c'est-à-dire aux contraires; « leur raison » (διὰ τί) : parce qu'elles ont une matière commune; « leur manière d'être » (πῶς) : par le contact. Explication de Philopon.

3. Première partie (324 b 25-325 b 11) : *théorie des pores*. Exposé de la théorie et comparaison avec l'Atomisme et l'Eléatisme.

La théorie des pores a été soutenue par Empédocle, et surtout par Alcméon. Sur ce dernier, cf. Diels, *Vorsokratiker*, 14 ; Diog. L., VIII, 83 ; Burnet, *L'Aurore de la philosophie grecque*, p. 226-227 ; Robin, *La Pensée grecque*, p. 79-80.

4. Parce que les effluves (ἀπορροαί) provenant des objets passent plus facilement à travers ces milieux transparents. – Cette explication usuelle est pourtant contestable. Cf. Joachim, 158.

Telle était donc, au sujet de la structure de certains corps[1],
la théorie de ces philosophes, comme aussi d'Empédocle ; et
elle ne s'applique pas seulement aux corps qui agissent et
pâtissent, mais encore, disent-ils, la mixtion n'a lieu qu'entre
35 les corps dont les pores sont dans une symétrie réciproque[2].
325 a Mais c'est Leucippe et Démocrite qui ont procédé dans leur
définition avec le plus de méthode et apporté l'explication la
plus universelle, car ils ont pris comme principe ce qui vient
naturellement en premier[3].

Certains[4], en effet, parmi les anciens philosophes,
croyaient que l'Être est nécessairement un et immobile. Le
vide, disent-ils, n'est pas ; mais le mouvement n'est pas possi-
5 ble sans un vide possédant une existence séparée[5], ni non plus
la multiplicité sans quelque chose qui opère la séparation des
êtres. Il est indifférent < ajoutent-ils > de penser que l'Univers

---

1. Seulement certains φυσικὰ σώματα, savoir τὰ ποιοῦντα καὶ
πάσχοντα et τὰ μιγνύμενα.
2. Ces philosophes n'expliquent donc que l'action et la passion, et la
mixtion. La théorie atomiste est préférable selon Aristote, parce qu'elle est plus
cohérente, qu'elle s'applique à tous les corps et non à quelques-uns, et qu'elle
donne une explication de toutes les espèces de changement (γένεσις, φθορά,
ἀλλοίωσις, αὔξησις, φθίσις) en plus de ποιεῖν - πάσχειν et de la μίξις.
3. C'est-à-dire probablement *quod secundum naturam est*. L. 325 a 2, nous
lisons φύσιν et non φήσιν.
4. Les Eléates.
5. Il faut un vide réel et non pas seulement un vide existant dans la pensée
(cf. *Phys.*, IV, 6, 213 a 12 *sq.*). D'autre part, le vide seul peut assurer la séparation des êtres et expliquer la multiplicité. – Voici le sens général de l'argument :
les Eléates critiquent leurs adversaires (probablement les Pythagoriciens), en
montrant que sans le vide, qu'ils n'admettent pas (et avec raison, car le vide est
non-être), ni le mouvement, ni la pluralité ne sont possibles.

n'est pas continu mais est divisé en corps contigus[1], plutôt que de dire qu'il y a multiplicité, non-un et vide. En effet[2], si l'Univers est totalement divisible, il n'y a pas d'Un et, par suite, pas de multiple non plus, mais le Tout est vide; par contre, dire qu'il est divisible jusqu'à tel point et pas plus loin, cela ressemble bien à une fiction, car jusqu'à quelle limite est-il divisible, et pour quelle raison une partie du Tout se 10 comporte-t-elle ainsi et est-elle pleine, tandis que l'autre est divisée? En outre, d'un côté comme de l'autre, on est également ment forcé de dire qu'il n'y a pas de mouvement[3].

En vertu donc de ces arguments, ces philosophes, dépassant la sensation et la dédaignant, dans la pensée qu'il faut s'en tenir au raisonnement, prétendent que l'Univers est un et 15 immobile, et même, ajoutent certains[4], infini, puisque toute limite finirait au vide.

1. Allusion à la théorie d'Empédocle, qui tente de sauver la multiplicité tout en échappant à la nécessité du vide : Empédocle admet que les corps sont multiples mais restent en contact, de sorte qu'il n'y a aucun vide qui les sépare. Le *Spherus* ne contient pas de vide mais il n'est cependant pas homogène (fragment 17 Diels), et les pores sont, en réalité, remplis d'air, lequel est un corps. Les Eléates répliquaient d'ailleurs que, même dans cette hypothèse, que l'on admette ou non la divisibilité à l'infini, la pluralité des êtres n'est pas expliquée : on aboutit soit au vide absolu, soit à un défaut dans l'explication.

2. Sous-entendu ici, «même en supposant que l'Univers soit formé de corps contigus…».

3. Aussi bien dans le système d'Empédocle que dans celui des Pythagoriciens.

4. Melissus, fragments 3, 5, 7 Diels. Cf. Burnet, *L'Aurore de la philosophie grecque*, p. 373-374; Robin, *La Pensée grecque*, p. 115-118. – Si la réalité était limitée, elle le serait par l'espace vide. Sur cet argument, cf. Saint Thomas, *Comm.*, I, lect. 21, 326[1].

Il y a donc des philosophes qui, pour les raisons indiquées, ont professé au sujet « de la Vérité » de pareilles doctrines[1]. Mais, alors que, au point de vue théorique, ces opinions semblent s'enchaîner logiquement, par contre, si l'on considère les faits, y ajouter foi semble voisin de la démence[2]. Il n'y

20 a pas de fou, en effet, qui soit hors de sens au point de croire que le feu et la glace soient une seule chose ; c'est seulement entre des biens réels et des biens apparents que, en vertu de l'habitude, des gens atteints de folie n'aperçoivent aucune différence.

Leucippe, cependant, pensa posséder une théorie en accord avec les exigences de la perception, et qui ne ruinait ni

25 génération, ni corruption, ni mouvement, ni multiplicité des êtres. Ce sont là[3] les concessions qu'il faisait à l'expérience ; d'autre part, aux philosophes qui ont édifié la théorie de l'Un, il concède qu'il ne peut y avoir de mouvement sans vide, et il accorde que le vide est un non-être et que rien de ce qui est réel n'est non-être, car l'Être proprement dit est un être entièrement plein[4]. Un tel être, cependant, < ajoute-t-il > n'est pas

---

1. Parménide, fragment 8 Diels. Distinction du « chemin de la vérité » et du « chemin de l'opinion ».

2. Nous suivons le texte de Prantl, et jugeons inutile de supposer, avec Joachim (texte, p. 28 ; comm., p. 161-162), que, l. 17, *post* ἀληθείας *excidisse quaedam* : la lecture de L (ἐπεί au lieu de ἔτι) peut, avec Prantl, être acceptée.

3. L. 26 ταῦτα signifie génération, corruption, mouvement et multiplicité.

4. Nous adoptons la ponctuation de Joachim, d'après Diels. Le texte de Prantl est difficilement intelligible et les mots ajoutés, l. 28 <ποιεῖ κενὸν μὴ ὄν>, paraissent inutiles. – Le système de Leucippe est ainsi une sorte de compromis entre l'expérience et la dialectique éléatique.

un [1] ; au contraire il y en a une multiplicité infinie en nombre, et **30**
ils sont invisibles, en raison de la petitesse de leurs masses. Ils
se meuvent dans le vide (car il y a un vide), et, par leur réunion,
ils produisent la génération, et par leur séparation, la corruption. En outre, ils agissent et pâtissent dans la mesure où il leur
arrive d'être en contact, car alors ils ne sont pas uns [2], et ils
engendrent les choses par leur composition et leur entrela-
cement. D'un autre côté < selon Leucippe >, de ce qui est
véritablement un [3] ne pourrait jamais provenir une multipli- **35**
cité, ni, de ce qui est véritablement multiple, un un ; c'est là une
chose impossible. Mais (de même qu'Empédocle et certains **325 b**
autres philosophes disent que les choses pâtissent à travers
leurs pores, ainsi) [4] toute altération et toute passion procèdent
de la façon que nous avons indiquée : en effet, c'est par le moyen
du vide [5] que se produisent la dissolution et la corruption, et
semblablement aussi l'augmentation, par la pénétration des
solides dans les vides.

Empédocle aussi est, peu s'en faut, obligé d'adopter la **5**
même théorie que Leucippe, car il doit dire qu'il y a certains
solides qui sont pourtant indivisibles, sinon les pores se conti-

1. Différence capitale entre Leucippe et les Eléates. Autre différence : le
vide existe, quoiqu'il ne soit pas un être au sens propre.
2. Aux points de contact les corps sont, non pas un, mais deux.
3. L'atome, qui est plein, sans aucun vide.
4. Cette réflexion est d'Aristote, et non de Leucippe, et, pour cette raison,
nous l'avons, à l'exemple de Joachim, mise entre parenthèse. – Les Atomistes
appliquent avec plus de raison περὶ πάντων (325 a 1) la théorie empédocléenne
des pores (cf. *supra*, 324 b 35, note) et l'étendent de l'action-passion et du
mélange à toutes les autres espèces du changement.
5. Et non plus des pores.

nueraient sans interruption[1]. Or cette dernière hypothèse est
inadmissible, car les corps ne contiendraient, outre les pores,
rien qui fût solide, et tout le corps serait vide. Il est donc néces-
10   saire que ses parties contiguës soient indivisibles, et que leurs
intervalles soient vides, intervalles qu'Empédocle appelle des
pores. Mais c'est là précisément la théorie de Leucippe sur
l'action et la passion.

Telles sont donc approximativement les explications que
donnent ces philosophes touchant la façon dont certaines
choses agissent et dont d'autres pâtissent[2]. Quant à eux, leur
théorie est claire en elle-même, et il est évident aussi qu'elle
résulte, avec une rigueur suffisante, des principes sur lesquels
15   elle s'appuie. Par contre, pour les autres philosophes, cette
évidence est moins grande : dans la théorie d'Empédocle, par
exemple, de quelle façon peut-il y avoir génération et corruption aussi bien qu'altération ? C'est ce qui n'est pas clair[3].
< Pour Leucippe et Démocrite >, en effet, les corps premiers,
dont les choses sont d'abord constituées et dans lesquelles
elles se résolvent ultimement, sont indivisibles et diffèrent
seulement l'un de l'autre par la figure. Pour Empédocle,
20   d'autre part, il est évident que tous les autres corps, jusqu'aux
éléments exclusivement, ont leur génération et leur corrup-

1. Le raisonnement d'Aristote n'est pas exact, car, pour Empédocle, les
pores sont pleins.

2. Seconde partie (325 b 12-326 b 6) : critique de la théorie d'Empédocle.
Aristote va montrer l'infériorité de cette théorie par rapport à l'Atomisme,
lequel d'ailleurs est lui aussi critiquable.

3. Pour Empédocle les éléments sont éternels et ne se transforment pas les
uns dans les autres. Mais Aristote estime que l'origine et la transformation des
éléments exigent une explication.

tion; mais il n'explique pas clairement comment l'agglo-
mérat[1] de ces éléments eux-mêmes est engendré et corrompu,
et il ne lui est pas non plus possible de l'expliquer, étant donné
qu'il ne dit pas que le feu, lui aussi[2], possède un élément
constituant (et il en est de même pour tous les autres éléments),
à la façon dont Platon l'a décrit dans le *Timée*. Tant, en effet,   25
est grande la différence dans la manière dont s'expriment
Platon et Leucippe[3] : les indivisibles de Leucippe sont des
solides, ceux de Platon, des surfaces ; pour Leucippe, une
infinie variété de figures définit chacun des solides indivisibles[4], tandis que, pour Platon, ces figures sont en nombre
limité[5], quoique l'un et l'autre admettent pourtant des corps
indivisibles et définis par des figures distinctes. Des indivisibles résultent donc les générations et les séparations ; suivant   30
Leucippe, cela aurait lieu de deux manières : par le vide et par
le contact (car c'est au point de contact que chaque corps

1. τὸ σωρευόμενον μέγεθος. Il s'agit des éléments eux-mêmes, pris
chacun dans son ensemble et divisibles en parties de même nature, lesquelles ne
sont pas des éléments constitutifs. Aristote reproche ainsi à Empédocle de ne
pas expliquer la génération des éléments eux-mêmes comme il explique celle
des mixtes. Cf. Saint Thomas, *Comm.*, 1, lect. 21, p. 327[2].

2. Comme les corps.

3. La suite des idées est difficile à saisir. Aristote, après avoir critiqué la
conception d'Empédocle, y oppose celle du *Timée*, 53c *sq.* La théorie de Platon,
à son tour, est comparée à la théorie atomiste.

4. Aristote veut dire que les atomes sont d'une infinie variété de figures,
autrement dit qu'aucun d'eux ne se ressemble par la figure. L. 28, Joachim
supprime (p. 164) les mots τῶν ἀδιαιρέτων στερεῶν ἕκαστον, mais cette
correction ne semble pas nécessaire.

5. Ce sont les deux triangles élémentaires du *Timée*, 53 c *sq.* Pour toutes ces
théories de Platon, on consultera la préface de Rivaud à son édition du *Timée*
(coll. G. Budé).

composé est divisible)[1]; pour Platon, par le contact seulement, puisqu'il nie l'existence du vide.

35   Nous avons parlé des surfaces indivisibles dans notre précédent traité[2]. En ce qui concerne la théorie des solides indivisibles, l'étude détaillée de ses conséquences doit être laissée de côté pour le moment; bornons-nous à une courte digression[3], et disons que chacun des indivisibles est, < dans le

326 a   système de Leucippe et de Démocrite >, également incapable de recevoir une propriété (car rien n'est capable de pâtir que par le moyen du vide), et d'en produire une (car aucun indivisible ne peut être ni froid, ni dur)[4]. Pourtant il est du moins étrange de consentir[5] une exception en faveur du chaud, assigné exclusivement à la figure sphérique, car alors son

5   contraire, le froid, doit aussi s'appliquer à quelqu'une des autres figures[6]. Il est étrange aussi, si on admet que ces déterminations, je veux dire la chaleur et la froidure, appartiennent tout de même aux indivisibles, que la pesanteur et la légèreté, la dureté et la mollesse ne leur appartiennent pas également. Et cependant chacun des indivisibles est d'autant plus pesant,

1. Nous suivons le texte de Prantl. Les modifications apportées par Joachim ne paraissent pas utiles. Pour le sens de la parenthèse, cf. *supra* 325 a 33.

2. *De Coelo*, III, 1, 298 b 33; 7; IV, 2.

3. Ici commence la critique du système de Leucippe et de Démocrite. Nous avons séparé par des tirets les quatre arguments d'Aristote (326 a 1-14; 326 a 14-24; 326 a 25-30; 326 a 30-b 7).

4. Les indivisibles en eux-mêmes ne sont ni passibles, ni actifs en ce qui concerne les propriétés sensibles, puisque les qualités sensibles des corps sont dues à des modifications dans la position relative des indivisibles. Autrement dit, les indivisibles sont caractérisés par la figure.

5. Avec Démocrite, qui admet que les atomes sphériques sont chauds.

6. Cf. *de Anima*, I, 2, 403 b 31-404 a 16, 405 a 8-13.

suivant la parole de Démocrite, qu'il est plus gros[1]; il en 10
résulte évidemment qu'il est aussi le plus chaud[2]. Mais si
telle est leur nature, il est impossible que les indivisibles ne
pâtissent pas l'un par l'autre[3] : par exemple, l'indivisible
faiblement chaud pâtira du fait d'un indivisible qui le dépasse
beaucoup en chaleur. En outre, si un indivisible est dur, il doit
y en avoir un aussi qui est mou ; mais il est déjà dit mou par le
fait de pâtir en quelque chose, car le mou, c'est ce qui cède à la
pression[4]. – Mais, outre qu'il est étrange qu'aucune propriété 15
n'appartienne aux indivisibles, à l'exception de la figure
seulement, il est étrange aussi que si d'autres propriétés leur
appartiennent, ce soit une seule propriété, à savoir, pour cet
indivisible, le froid, et, pour cet autre, le chaud, car alors leur
substance ne serait pas même une[5]. Pareillement, il est impossible que plusieurs de ces propriétés appartiennent à un seul
indivisible, car, étant indivisible, il possédera ces propriétés en
un même point[6], de telle sorte que, s'il pâtit par le fait d'être
refroidi, en tant que refroidi il agira aussi ou subira une action 20
de quelque autre manière[7]. Même raisonnement pour les

1. Cf. Théophraste, *de Sensu*, § 61 : βαρὺ μὲν οὖν καὶ κοῦφον τῷ
μεγέθει διαιρεῖ Δημόκριτος. – Mot à mot, « en proportion de son excès ».

2. S'il s'agit d'atomes sphériques.

3. Ce qui est contraire à la propre thèse des Atomistes (cf. *supra* 326 a 1).

4. Et, par suite, là encore, l'atome n'est pas ἀπαθές.

5. Les atomes n'ont, en effet, rien de commun : ni la figure, ni la tempé-
rature. Or l'identité substantielle est à la base de la théorie atomiste. Cf. *Phys.*,
III, 4, 203 a 34-b 2.

6. Dans son unité indifférenciée.

7. Passage difficile. Nous suivons le texte de Joachim, et lisons : ὥστε καὶ
ἐὰν πάσχῃ εἴπερ ψύχεται, ταύτῃ τι καὶ ἄλλο ποιήσει ἢ πείσεται. – Si
l'indivisible, qui est essentiellement chaud, est tout aussi essentiellement mou,

autres propriétés, car cette difficulté[1] s'oppose à tous ceux qui
admettent les indivisibles, que ce soient des solides ou des
surfaces[2], comme une conséquence uniforme : les indivisibles
ne peuvent, en effet, devenir ni plus rares, ni plus denses, étant
donné qu'ils ne contiennent pas de vide. – Autre paradoxe : il y
25   aurait de petits indivisibles, mais non de grands. En fait, il est
rationnel que les corps plus grands soient plus frangibles que
les petits, puisque ces corps, j'entends les corps plus grands,
sont facilement dissociés, car ils se heurtent à beaucoup
d'autres corps. Mais l'indivisibilité, prise en général[3],
pourquoi appartiendrait-elle, plutôt qu'aux grands corps, aux
30   petits ? – En outre, est-ce que la nature de tous ces solides est
une, ou bien diffèrent-ils les uns des autres, comme si, par
exemple, dans leur masse, les uns étaient de feu, les autres, de
terre[4]. Si, en effet, il y a une seule nature pour tous, qu'est-ce
qui les sépare l'un de l'autre ? Ou bien, pourquoi ne devien-
nent-ils pas une seule chose, une fois entrés en contact, comme
lorsque de l'eau est en contact avec de l'eau ? Car il n'y a
aucune différence entre ce dernier cas et le précédent. D'autre

par exemple, il agira ou pâtira à ce titre, tout en restant indivisiblement lui-
même (c'est-à-dire chaud), ce qui est la violation du principe de contradiction.

1. Savoir, qu'un indivisible peut recevoir plusieurs propriétés : seul un
corps composé peut être doué de propriétés diverses sans violer la loi de contradiction, car ces propriétés dépendent du nombre et du groupement des atomes,
de leur densité et de leur rareté dans les différentes parties du composé.

2. Allusion à Platon.

3. En tant que telle. Et, en fait, Démocrite semble avoir admis l'existence
de grands atomes.

4. Il faut comprendre : « Est-ce que (comme les Atomistes le prétendent) la
substance de tous ces indivisibles est identique, ou bien est-ce qu'ils forment
des groupes qualitativement distincts de feu, ou d'eau, etc. ... ». Cf. Saint
Thomas, *Comm.*, I, lect. 22, 330[2].

part, s'ils diffèrent dans leurs masses quelle est la nature de ces **35**
masses[1]? Il est évident aussi que ces masses doivent être
posées comme principes et comme causes des phénomènes qui
en découlent, de préférence aux figures. En outre, s'ils **326 b**
diffèrent en nature, ils agiront et pâtiront à la fois, venant en
contact les uns avec les autres[2]. – De plus, quel est le moteur?
Si leur moteur est autre qu'eux-mêmes, ils seront passifs. Si,
par contre, chacun se meut lui-même, ou bien il sera divisible,
étant autre comme moteur et autre comme mû, ou bien, sous un
même rapport, des propriétés contraires lui appartiendront, et **5**
la matière sera une, non seulement en nombre mais encore en
puissance[3].

Pour les philosophes qui expliquent au moyen de la
perforation[4] des pores la survenance des propriétés, si on
suppose que ces propriétés surviennent même quand ces pores
sont pleins, l'hypothèse des pores devient superflue. Si c'est,
en effet, à cette condition que le corps entier pâtit en quelque
chose, quand bien même il n'aurait pas de pores mais serait
lui-même continu, il pâtirait de la même manière. De plus, **10**
comment est-il possible que la vision à travers un milieu se
produise comme ils le prétendent? <Le rayon visuel>, en
effet, ne peut pénétrer les corps diaphanes, ni à leurs points de

---

1. C'est-à-dire : s'ils forment des groupes qualitativement distincts
d'atomes, quelle est la nature de ces groupes ?

2. Ce qu'Aristote, 326 b 36-326 a 2, a démontré impossible.

3. Or c'est impossible, car si la matière (l'ὑποκείμενον des παθή) était
identique en puissance, elle ne pourrait engendrer des contraires. Cf. Saint
Thomas, *Comm.*, I, lect. 22, 331[1].

4. Troisième partie (326 b 6 à la fin du chapitre) : critique définitive de la
théorie des pores. – Nous lisons, avec Prantl, τρήσεώς au lieu de κινήσεως,
bien que ce dernier terme donne aussi un sens satisfaisant.

contact, ni à travers leurs pores, si chaque pore est plein. Car en
quoi avoir des pores diffère-t-il de n'en avoir pas ? Tout le
15 corps sera uniformément plein. Mais, en outre, même si ces
passages sont vides, quoiqu'ils doivent contenir des corps, la
même conséquence suivra une fois encore [1]. Et si leur grandeur
est telle qu'ils ne peuvent recevoir aucun corps [2], il est ridicule
de penser qu'il y a un petit vide, mais non un grand ni d'une
grandeur relative quelconque, ou bien de penser que le vide
20 signifie autre chose que la place d'un corps ; il est donc évident
que, pour chaque corps, il y aura un vide d'un volume égal.

D'une manière générale, l'hypothèse des pores est inutile.
Si, en effet, l'agent ne produit aucun effet par le contact, il
n'en produira pas davantage en passant à travers les pores [3].
D'un autre côté, s'il agit par le contact, alors, même sans pores,
certaines choses subiront une action et certaines autres agiront,
pourvu qu'elles soient, de par leur nature, adaptées réciproquement de cette façon [4].

25 Admettre ainsi des pores au sens où certains philosophes
les conçoivent, c'est ou bien faux, ou bien inutile : nos arguments l'ont montré. Mais, puisque les corps sont absolument

---

1. On peut abstraire en pensée les pores du reste du corps, et ils sont vides
par rapport à ce qui reste, car ils sont pleins d'une matière différente (l'air,
suivant Empédocle). Mais, en fait, ces pores seront pleins et les mêmes conséquences que tout à l'heure surgiront.

2. En droit, ils sont pleins, ils devraient l'être, mais, en fait, leur petitesse
les empêche de recevoir aucun corps. C'est là pour Aristote une conception
absurde du vide : comme il le dit, l. 19, le vide ne peut être que l'emplacement
d'un corps.

3. Les pores ne sont que des intermédiaires pour un contact interne, qui ne
diffère pas en nature du contact superficiel.

4. C'est-à-dire pour agir et pâtir.

divisibles, supposer des pores est ridicule, car, en tant que
divisibles, les corps peuvent être partagés [1].

9
< L'Action et la Passion. Solution du problème >

Disons de quelle façon appartient aux êtres le pouvoir
d'engendrer, d'agir et de pâtir, en partant du principe suivant, 30
bien souvent énoncé :

S'il y a, d'une part, ce qui est en puissance, et d'autre part,
ce qui est, en entéléchie, une chose de telle qualité, il est de la
nature de cette chose en puissance de pâtir, non pas seulement
en quelque partie à l'exclusion des autres, mais d'une façon
absolue en tant précisément qu'elle est telle ; mais sa passivité
est plus ou moins grande dans la mesure où elle est plus ou
moins telle ; et c'est ainsi qu'on pourrait, avec plus de vérité,
parler de pores : par exemple, dans les métaux, il y a des veines 35
continues de passivité qui s'étendent <à travers la
substance>[2].

---

1. Inutile de supposer des pores pour expliquer l'action et la passion : les
corps étant divisibles πάντῃ, le sectionnement se fera à n'importe quel endroit,
sans qu'il soit besoin de pores. *Pori ergo non causa divisionis : quia aliter
mathematica non essent divisibilia*, conclut Saint Thomas, *Comm.*, I, lect. 22,
332[2].

2. Le principe développé par Aristote est le suivant. Il n'y a pas de
distinction absolue entre la puissance et l'acte : l'acte est la puissance réalisée,
et la puissance est l'acte à venir (cf. *Metaph.*, *passim*, et notamment H, 6, 1045 b
16-23 : ... ἓν γάρ τι ἕκαστον, καὶ τὸ δυνάμει καὶ τὸ ἐνεργείᾳ ἕν πώς
ἐστιν). La puissance, pour un corps, de pâtir, de devenir τοιοῦτον, c'est-à-dire
un corps ayant telle qualité (le chaud, par exemple), n'est pas localisée en un
endroit déterminé de ce corps, ou dans des veines ou des canaux, elle est diffuse
dans le corps entier. Tout ce qu'on peut accorder, c'est que, dans certaines
parties de ce corps, la puissance est plus intense que dans d'autres, de même

327 a   Tout corps naturellement continu et un est donc impassible[1]. Il en est de même aussi des corps qui ne sont en contact ni l'un avec l'autre, ni avec d'autres corps dont la nature soit d'agir et de pâtir. Je prends un exemple : c'est non seulement quand il est en contact que le feu échauffe, mais encore quand il est à distance. Le feu, en effet, échauffe l'air,
5   et l'air, le corps, parce que, par sa nature, l'air agit et pâtit[2]. – Quant à la supposition qu'un corps pâtit en telle partie et non en telle autre, nous avons distingué au début les différentes théories proposées ; nous avons maintenant à faire les remarques suivantes[3]. D'abord, si la grandeur n'est pas absolument divisible, si, au contraire, il existe des corps ou des surfaces indivisibles[4], il n'y aura aucun corps absolument passif[5], mais non plus aucun qui soit continu[6]. Mais, puisque cette doctrine
10   est fausse et qu'en réalité tout corps est divisible, il n'y a

que, dans les métaux, il existe des fibres, des lignes conductrices qui sont plus sensibles que le reste à une action externe. Le πάσχειν ne peut donc pas s'expliquer par une distinction *infra corpus*, lequel serait en partie actif et en partie passif. La passivité est une propriété du tout, puisqu'elle est une puissance de ce tout (cf. *infra*, l. 6 *sq.*).

1. Car on ne peut distinguer en lui agent et patient.

2. La passion exige donc non seulement la distinction de l'agent et du patient, mais encore le contact, immédiat ou médiat.

3. Nous avons suivi la lecture de Prantl, et il est inutile de supposer, avec Joachim, 173, une lacune, l. 6, après τῇ δὲ μη. L'expression ἐν ἀρχῇ, l. 7, renvoie à 324 b 6. Les différentes théories auxquelles Aristote fait allusion sont celles des Atomistes (le vide), d'Empédocle (les pores) et de Platon (les surfaces en contact).

4. Allusion aux Atomistes et à Platon. Nous mettons le pluriel au lieu du singulier, à raison du sens.

5. Car les atomes sont ἀπαθῆ.

6. En effet, « tout continu est divisible en parties toujours divisibles » (*Phys.*, VI, 1, 231 b 16).

aucune différence entre « avoir été divisé en parties qui restent en contact », ou « être < absolument > divisible ». Si un corps, en effet, peut être séparé aux points de contact, comme certains philosophes le professent[1], alors, même s'il n'est pas encore divisé, il sera certainement divisé < à un moment ou l'autre > ; il peut, en effet, être divisé puisque rien d'impossible ne se réalise[2]. – Enfin, d'une manière générale, que pâtir se produise seulement de cette façon, c'est-à-dire par le morcellement des 15 corps[3], c'est là une absurdité. Cette théorie ruine, en effet, l'altération ; nous voyons, au contraire, le même corps, tantôt liquide, tantôt solide, garder sa continuité. Il a souffert ce changement, non par division et par composition, ni non plus par « tournure » et par « arrangement », suivant les expressions

---

1. Platon.

2. Toute cette argumentation, l. 9-14, est très obscure. Si on admet, comme on le doit, dit Aristote, qu'il n'y a pas d'indivisibles, mais que toute grandeur est divisible πάντη (en ce sens qu'elle est divisible à un point quelconque, mais non à tous ses points simultanément ; cf. *supra*, I, 2, 317 a 2 et 4, notes), on ne doit pas admettre que le patient est passif à un point déterminé, à l'exclusion des autres points. Et alors, concevoir, avec Platon, le corps comme composé de parties distinctes en contact, c'est dire tout simplement qu'il est divisible πάντη, car les parties en contact seront elles-mêmes indéfiniment divisibles en parties plus petites en contact. Et si le corps est divisible, ou, pour parler comme Platon, s'il peut être partagé par l'agent aux points de contact des parties distinctes en contact, alors, même s'il n'est pas déjà divisé (διῃρημένον), il y aura sûrement un moment où il sera en fait divisé. Ce moment, c'est celui où il se séparera aux points de contact. Cette séparation future est certaine, par hypothèse fondamentale du système. Elle se fera : donc la condition qui la rend possible (la division préexistant ou s'accomplissant au moment voulu) se réalisera, puisque, en vertu de la définition même du δυνατόν, rien d'impossible ne se réalise (sur la définition du possible, cf. *supra*, I, 2, 316 a 19 et note, avec les références à la *Metaph.*). – La traduction de ce passage et les éléments de cette note sont dus à l'obligeance de M. A. Diès.

3. C'est-à-dire, en séparant les parties du corps l'une de l'autre.

de Démocrite, car aucun changement de position ou d'ordre
< dans les constituants > de sa nature substantielle, n'a marqué
20 son passage de l'état liquide à l'état solide; il ne renferme pas
davantage[1] ces particules dures et solidifiées, indivisibles
dans leurs masses. Au contraire uniformément et tout entier, il
est tantôt liquide tantôt dur et solide. En outre < dans cette
théorie > l'accroissement et le décroissement ne sont pas non
plus possibles. En effet, toute partie quelconque < de l'augmenté > ne deviendra pas plus grande[2], si l'on veut qu'il y ait
une addition, au lieu d'un changement total de la chose par
mixtion de quelque chose ou par transformation de cette chose
elle-même.

25   Qu'il soit donc ainsi établi que les choses engendrent et
agissent, sont engendrées et pâtissent les unes les autres, et que
la façon dont ces processus peuvent s'accomplir n'est pas celle
dont parlent certains philosophes, car elle est inadmissible.

10
< La Mixtion >

30   Il nous reste à étudier la mixtion, suivant la même
méthode[3]; c'était, en effet, le troisième des sujets que nous

1. Avec Prantl et Joachim, nous lisons, l. 20, οὐδ' ἐνυπάρχει, au lieu de
οὐδὲ νῦν ὑπάρχει (Bekker).
2. Ce qui est une condition nécessaire pour qu'il y ait augmentation.
Cf. *supra*, I, 5, 321 a 2-26.
3. La même méthode que pour le contact et l'action et la passion. – La
μίξις, que nous traduisons par « mixtion » n'est pas le mélange (ou simple σύνθεσις) : le mixte (τὸ μιχθέν), le composé, résultat de μίξις, manifeste, en effet,
des propriétés nouvelles, irréductibles à celles des composants (τὰ μικτὰ, τὰ
μιγνύμενα). C'est une « combinaison chimique », une *mistio chemica* (Bonitz,

nous étions proposés au début[1]. Nous devons examiner ce qu'est la mixtion et ce qu'est le mélangeable, de quels êtres la mixtion est une propriété[2] et comment[3], et, en outre, si la mixtion existe en fait, ou bien s'il est faux de l'affirmer.

En effet, l'impossibilité pour une chose d'être mélangée avec une autre[4] est soutenue par quelques philosophes. Si, **35** disent-ils, les deux choses mélangées existent encore l'une et l'autre et n'ont subi aucune altération, elles ne sont pas plus **327 b** mélangées maintenant qu'auparavant, mais elles sont restées dans le même état. Si, d'un autre côté, < poursuivent-ils > l'une d'elles a été détruite, il n'y a pas mixtion, mais l'une est et l'autre n'est pas, tandis que la mixtion < exige que les deux corps > soient dans une condition semblable[5]. Enfin il en serait ainsi, même si chacune des deux choses mélangées a péri à la **5**

Metaph., 103). Voici la définition donnée par Bonitz, Metaph., 589 : *Aristotelis* μίξις *eam appellat conjunctionem, per quam ex contrariis inter se elementis, activo altero, altero passivo, novum quidpiam fiat, ab elementis diversum et sibimet ipsum* ὁμοιομέρες.

Première partie (327 a 30-328 a 17) : *nature de la* μίξις; *différence avec la* γένεσις, *l'*αὔξησις, *l'*ἀλλοίωσις *et la* σύνθεσις.

1. Chap. 6, *init.*, 322 b 1-26. Sur le plan général des chapitres 6-10, cf. 6, 322 b 4, note.

2. La mixtion est un attribut qui appartient à une substance, et son *esse* est un *inesse*.

3. Πῶς, c'est-à-dire « à quelles conditions ».

4. Dans toute sa théorie de la mixtion, Aristote, pour des raisons de simplification, suppose un mélange de deux μικτά seulement, bien qu'en fait, dans le monde sublunaire, les mixtes soient toujours des composés des quatre éléments.

5. Suivant la remarque de Joachim, 178, les exppressions ὁμοίως ἔχειν, l. 2, et ὁμο ὡς ἐχόντων, l. 4, n'offrent pas le même sens. Dans le premier cas, il s'agit d'un « état semblable » à un état antérieur dans le second, d'un « état semblable » l'un à l'autre, des deux μικτά.

suite de la rencontre : elles ne peuvent avoir été mélangées, puisqu'elles n'existent même pas du tout.

Cet argument, semble-t-il bien, exige qu'on détermine quelle différence sépare la mixtion de la génération et de la corruption, et quelle différence sépare le mélangeable du générable et du corruptible[1]. Il est clair, en effet, qu'il doit y avoir une différence, si la mixtion existe. Ainsi, une fois ces
10 distinctions rendues évidentes, les difficultés de l'argument seraient résolues.

Or nous ne disons pas du bois[2] qu'il est mélangé avec le feu, ni, quand il brille, qu'il est un mixte soit de ses parties l'une avec l'autre, soit de lui-même avec le feu, mais que le feu est engendré et le bois, détruit[3]. De la même façon, nous ne parlons ni de l'aliment comme mélangé avec le corps, ni de
15 la forme avec la cire, informant ainsi la masse de cire[4]. Pas davantage le corps et le blanc ne peuvent être mélangés ensemble, ni, d'une manière générale, les propriétés et les états avec les choses, car on les voit persister dans les choses[5]. Mais il ne peut non plus y avoir mixtion du blanc et de la science, ni

---

1. Les difficultés soulevées dans le § précédent viennent, dit Aristote, d'une conception erronée de la μίξις, qu'on a le tort de ne pas distinguer de la γένεσις et de la φθορά. Cette distinction une fois faite, la question disparaîtra.

2. Textuellement, « de la matière ».

3. La μίξις est ainsi distinguée de la γένεσις, et par suite les deux objections, soulevées 327 b 2 et 4, sont résolues.

4. Distinction de la μίξις et de l'αὔξησις, et par suite résolution de l'objection soulevée 327 b 2.

5. Distinction de la μίξις avec l'ἀλλοίωσις, ce qui entraîne la résolution de l'objection posée 327 a 35 : la substance et la qualité persistent l'une et l'autre dans le composé.

d'aucun autre attribut n'ayant pas d'existence séparée[1]. Et, en vérité, c'est une théorie mal fondée que celle de certains philosophes qui professent que toutes choses, à un moment donné, 20 étaient confondues et mélangées tout ne peut être mélangé avec tout; chacune des choses mélangées doit, au contraire, exister d'abord à l'état séparé : or aucune qualité ne peut exister séparée[2].

Mais puisque, parmi les êtres, les uns sont en puissance, et d'autres en acte, il peut se faire que les choses entrant dans le mélange existent en un sens, tout en n'existant pas. Le composé peut être, en acte, autre que les composants dont il 25 provient, mais chacun d'eux peut être encore en puissance ce qu'il était essentiellement avant la mixtion, et ne pas avoir péri. Telle était, en effet, la difficulté soulevée par le précédent argument; et il apparaît que les corps formant la mixtion, non seulement de séparés qu'ils étaient d'abord s'unissent, mais peuvent aussi être séparés de nouveau du composé. Ainsi les composants ni ne persistent en acte, comme le corps et le blanc, ni ne sont détruits, soit l'un ou l'autre, soit tous les 30 deux, car leur puissance est conservée[3]. C'est pourquoi nous

1. La coexistence de deux qualités dans un même sujet ne constitue pas une mixtion, laquelle exige un sujet, car la mixtion est un attribut et son *esse* est un *inesse*.

2. Cette critique du μῖγμα d'Anaxagore et du σφαῖρος d'Empédocle se rattache à ce qui précède, de la manière suivante : l'expression πάντα, l. 20, inclut les qualités, lesquelles ne peuvent être mélangées l'une avec l'autre, puisqu'elles n'existent pas à l'état séparé.

3. Tout ce paragraphe, depuis b 22, est difficile. Voici quel est, d'après Joachim, l'enchaînement des idées.

L'impossibilité de toute μίξις, telle qu'elle est exposée plus haut 327 a 34-327 b 6, aboutit en somme à déclarer que la μίξις est un concept contradictoire;

pouvons maintenant laisser de côté ces difficultés[1], mais le problème qui vient immédiatement après doit être analysé : c'est de savoir si la mixtion est quelque chose de relatif à la sensation[2].

Quand les choses entrant dans la mixtion ont été divisées
35   en parcelles si petites et juxtaposées de telle sorte que chacune en particulier échappe à la sensation, y a-t-il alors mixtion ? Ou
328 a   bien n'y a-t-il pas alors mixtion, mais n'existe-t-elle que lorsque toute partie quelconque d'un composant est juxtaposée à une partie de l'autre[3] ? Sans doute, on s'exprime

elle exige, en effet, que les composants demeurent et disparaissent : s'ils ne demeurent pas, il n'y a pas mixtion, mais génération, et s'ils ne disparaissent pas, il n'y a pas non plus mixtion. Comment sortir de là ? Une seule voie : la distinction aristotélicienne de la puissance et de l'acte. Les μικτά n'existent pas en acte, mais ils existent en puissance, et, après analyse, peuvent exister de nouveau en acte. Aux trois hypothèses envisagées par les partisans de l'impossibilité de la μίξις, il faut donc en ajouter une quatrième, qui, celle-là, exprime la vérité. – Sur le sens particulier de la δύναμις dans ce passage, cf. la note très intéressante de Joachim, p. 180-181.

1. Lesquelles sont résolues.

2. Autre problème voisin. La μίξις est-elle en réalité une simple *composition* (σύνθεσις), où les composants gardent leurs propriétés, qui ne semblent perdues qu'à raison de la grossièreté de notre perception ? Cf. l'opposition établie par la chimie moderne entre la *combinaison* et le *mélange*.

3. Deux conceptions de la μίξις comme σύνθεσις, qui ne présentent d'ailleurs qu'une différence de degré, et qui sont rejetées l'une et l'autre, *infra*, l. 5 *sq.* a) Il y aurait mixtion quand les μιγνύμενα ont été divisés en μικρά échappant à la sensation et juxtaposés partie à partie ; b) ou encore, quand la division des μιγνύμενα a été poussée jusqu'aux μικρά les plus petits possibles, c'est-à-dire jusqu'aux atomes, indépendamment de toute question de sensation (système de Démocrite). – Dans les deux cas, il n'y a qu'apparence de mixtion et d'homogénéité. En réalité les μικρά demeurent distincts et juxtaposés, non fusionnés. La μίξις n'est donc pas une forme de σύνθεσις, puisque le mixte (μιχθέν) doit être ὁμοιομερές, ainsi qu'il est dit *infra*, l. 4.

d'ordinaire dans le premier sens; on dit, par exemple, que l'orge est mélangée avec le blé, quand chaque grain de l'un est juxtaposé à chaque grain de l'autre. Mais si le corps est divisible et s'il est vrai aussi que le corps mélangé au corps est homéomère, toute partie quelconque de chaque composant devrait être juxtaposée à une partie quelconque de l'autre [1].   5

Mais puisque aucun corps ne peut être divisé en ses derniers composants et que la composition n'est pas la même chose que la mixtion, mais en diffère, il est évident que, d'une part, aussi longtemps que les composants sont conservés en petites parties, on ne doit pas parler de leur mixtion [2]. – Car ce sera une composition et non une fusion [3], ni une mixtion, et chaque partie du composé ne présentera pas la même proportion < entre ses composants > que le tout. Or nous professons,   10 au contraire, que, si la mixtion a eu lieu, le composé doit être homéomère [4], et, de même qu'une partie de l'eau est de l'eau, ainsi une partie du fusionné < est de même nature que le tout > ; tandis que si la mixtion n'est qu'une composition de parti-

L. 328 a 1, ὁτιοῦν signifie l'atome, l'ultime partie de la division. Même sens, l. 5.

1. Ces dernières lignes ont pour objet de montrer que, des deux conceptions erronées de la mixtion, la conception de Démocrite est la seule qui soit logique : le corps étant divisible, il n'y a pas de raison pour ne pas pousser la division jusqu'à l'atome. C'est d'ailleurs à cette seule condition qu'on peut obtenir un mélange homéomère.

2. Telle la σύνθεσις du blé et de l'orge. Critique de la conception *a*.

3. La κρᾶσις est une espèce du genre μίξις; c'est à proprement parler le mélange de liquides et on peut la traduire par *fusion*. – Cf. sur le κρᾶσις, la μίξις et la σύνθεσις une série de notes intéressantes dans Robin, *La Théorie platonicienne*, p. 381, n. 317-I.

4. Nous lisons, avec Joachim, l. 10, φαμὲν δὲ δεῖν, εἴπερ μέμικται, τὸ μιχθὲν ὁμοιομερὲς εἶναι.

cules, rien de tout cela ne se produira, au contraire : il y aura
seulement mixtion pour la sensation, et la même chose sera
mélangée pour telle personne dont la vue n'est pas perçante, et
15 ne sera nullement mélangée pour le regard de Lyncée[1]. – < Il
est évident aussi, d'autre part[2], qu'on ne doit pas parler de
mixtion > pour une division telle que toute partie quelconque
d'un composant soit juxtaposée à une partie de l'autre, car il
est impossible que la division s'effectue de cette manière. Ou
bien donc, il n'existe pas de mixtion, ou bien nous avons
encore à expliquer comment elle peut avoir lieu[3].

Or il y a, comme nous le disons, parmi les êtres, ceux qui
sont actifs, et ceux qui subissent l'action des premiers[4]. En
20 outre, certains êtres se réciproquent mutuellement : ce sont
ceux dont la matière est identique ; ils sont réciproquement
actifs et réciproquement passifs. D'autres êtres, au contraire,
agissent tout en restant eux-mêmes impassibles : ce sont ceux
dont la matière n'est pas la même[5]. De ces derniers êtres il n'y
a pas mixtion : c'est pourquoi ni la médecine, ni la santé ne
produisent la santé par leur mélange avec les corps. Mais,
parmi les choses qui sont réciproquement actives et passives,
certaines sont facilement divisibles[6], et si un grand nombre ou

---

1. Lyncée, l'un des Argonautes, dont la vue était perçante.

2. Correspond à la l. 7. – Critique de la conception atomistique de la
σύνθεσις-μίξις. L. 16, ὁτιοῦν a encore le sens d'atome. Les l. 8-15 constituent
une simple parenthèse et nous avons mis le passage entre des tirets.

3. Seconde partie (l. 18-31) : *comment (c'est-à-dire à quelles conditions) la
mixtion a-t-elle lieu ?*

4. Première condition : l'action et la passion réciproques des corps.

5. La même que celle du patient.

6. Seconde condition : facilité de la division des μικτά ; en fait, les liquides
(τὰ ὑγρά).

une grande quantité de l'une est unie à un petit nombre ou à une
petite quantité de l'autre, le résultat n'est pas une mixtion, 25
mais un accroissement de l'élément dominateur; il y a, en
effet, transformation d'une des choses en la plus forte : c'est
ainsi qu'une goutte de vin ne se mélange pas avec dix mille
conges d'eau[1], car sa forme est dissoute et elle est transformée
en la totalité de l'eau[2]. Mais quand il y a entre leurs puissances
un certain équilibre, alors chacune de ces choses se change de
sa propre nature en progressant vers la plus forte; elle ne 30
devient cependant pas l'autre chose, mais quelque chose
d'intermédiaire et de commun à l'une et à l'autre.

Il est donc évident que sont mélangeables seulement ceux
des agents qui renferment une contrariété, car ceux-là sont
réciproquement passifs[3]. En outre, quand de petites parties de
l'un sont juxtaposées à de petites parties de l'autre, la mixtion
se fait mieux, car le déplacement réciproque s'opère plus facilement et plus promptement; au contraire, quand l'agent est de
grande taille et le patient de grande taille, cela s'effectue en 35
plus de temps[4].

Aussi, celles des choses divisibles et passives qui sont
aisément limitables[5] sont mélangeables (car leur division en 328 b

---

1. Le *conge* (χοῦς, datif usuel χουσί) est une mesure athénienne de contenance équivalant à 12 κοτύλαι, soit, environ, 3 litres 24.
2. Troisième condition : un certain équilibre entre les quantités à mélanger.
Si l'une l'emporte trop sur l'autre, il y aura absorption.
3. Cf. *supra*, 7, 323 b 29. Ici commence la troisième partie (b 31 à la fin) :
résumé et définition de la μίξις.
4. Dans ce cas, le contact est, en effet, moins intime. La division facilite
donc l'action-passion et par suite la mixtion.
5. Les εὐόριστα (*bene determinabilia*) sont les choses dont la figure est
facile à modifier et qui prennent, à raison de la grande mobilité de leurs molé-

particules se fait facilement, puisque c'est ce que signifie essentiellement « être aisément limitable ») [1]. Par exemple, les liquides sont les plus mélangeables des corps, car le liquide est le plus aisément limitable des corps divisibles, à moins qu'il ne
5   soit visqueux. Les liquides visqueux [2], en effet, ne font que rendre plus ample et plus grande la masse. Mais quand un des composants est seul passif ou très fortement passif, l'autre l'étant très faiblement, le composé résultant de leur mixtion ou bien n'est en rien plus grand, ou bien l'est seulement un peu plus : c'est ce qui arrive pour l'alliage d'étain et de bronze. Certaines choses, en effet, manifestent une attitude hésitante et
10 ambiguë l'une envers l'autre, car elles montrent une légère tendance et à se mélanger et à se comporter l'une comme réceptacle, l'autre comme forme [3]. C'est précisément ce qui arrive pour ces métaux : l'étain, se comportant comme une propriété immatérielle du bronze, disparaît presque et, une fois entré dans le mélange, s'évanouit, ayant seulement coloré le bronze. Le même phénomène se produit aussi dans d'autres cas.
15   Ce que nous venons de dire rend évident, d'une part, l'existence de la mixtion, sa nature et sa cause, et, d'autre part, quelles sortes d'êtres sont mélangeables : c'est lorsque

cules, la forme du contenant. On pourrait les nommer des *fluides*, ou des corps plastiques.

1. Aristote va maintenant indiquer les circonstances qui favorisent la μίξις (l. 5-13) il va examiner deux cas exceptionnels dans lesquels il n'y a pas mixtion.

2. Tels que l'huile, la poix, la glu (cf. *Meteor.*, V, 382 b 16 *sq.*). – Ainsi l'eau et l'huile ne se mélangent pas ; seul le volume augmente.

3. L'ambiguïté consiste à hésiter entre la mixtion et la relation matière-forme. – Sur le sens précis de χαλκός et de καττίτερος, cf. Joachim, p. 187-188.

certaines choses sont d'une nature telle qu'elles sont réciproquement passives, aisément limitables et facilement divisibles. Ces choses-là, en effet, peuvent être mélangées sans qu'elles soient nécessairement détruites, ni qu'elles demeurent absolument identiques pas plus qu'il n'est nécessaire que leur mixtion soit une composition, ni qu'elle soit relative à la **20** sensation. Au contraire, est mélangeable ce qui, étant aisément limitable, est passif et actif; et cette chose est mélangeable avec une autre chose de même nature (car le mélangeable est relatif à son homonyme)[1]; et la mixtion est une unification des choses mélangeables[2], à la suite de leur altération[3].

---

1. ὁμώνυμον n'est pas ici employé au sens rigoureux d'*équivoque*. Aristote est parfois imprécis dans son vocabulaire. L'expression συνώνυμον serait assurément préférable. Le sens est d'ailleurs clair : le μικτόν est relatif à autre chose qui est également μικτόν.

2. C'est-à-dire qui répondent aux conditions posées *supra*.

3. L'ἀλλοίωσις se fait dans les conditions indiquées l. 328 a 18-31. L'analyse d'Aristote aboutit ainsi à une définition complète de la μίξις. Cette définition (λόγος) répond aux conditions logiques, posées *Anal. post.*, I, 2, 71 b 19-25, pour le συλλογισμὸς τοῦ διότι, objet de l'ἀπόδειξις scientifique : un petit terme, sujet de la démonstration (τὰ μικτά); un grand terme, la propriété (πάθος), qu'il s'agit de rattacher au sujet (la μίξις, espèce du genre ἕνωσις); un moyen terme, la cause prochaine (πρῶτον αἴτιον), grâce à laquelle la μίξις se produit, savoir l'altération réciproque des μικτά.

LIVRE II

1

< *Les quatre Éléments.* $\qquad$ 25 *titul.*
La Matière première et les Contrariétés >

Au sujet, donc, de la mixtion, du contact et de l'action et de la passion[1] nous avons expliqué comment ils sont les propriétés des choses qui changent naturellement; en outre, au sujet de la génération et de la corruption, tant absolues que relatives, < nous avons expliqué > comment elles existent et par quelle cause[2]. Pareillement aussi, nous avons parlé de 30 l'altération, expliqué sa nature et la différence qui la sépare de

---

1. On se reportera, pour le plan général, au chap. 6 du livre I, 322 b 4, note. Aristote pose d'abord, dans le présent chapitre, la question de savoir si chacun des quatre éléments existe réellement, et il ajoute : si les éléments sont engendrés, dérivent-ils les uns des autres de la même façon ou bien y a-t-il un élément primitif? Ces deux questions sont traitées dans les chapitres 1 à 8 du livre II. À la première question (chap. 1 à 3), Aristote répondra que les éléments n'existent que comme des déterminations de la πρώτη ὕλη. À la seconde question (chap. 4 à 8), il répondra que les éléments dérivent tous les uns des autres par un processus κύκλῳ et qu'aucun d'eux n'est antérieur aux autres.

2. Texte de Prantl, qui suit Bonitz.

la génération et de la corruption. Mais il reste encore à étudier ce qu'on appelle les éléments des corps[1].

En effet, la génération et la corruption, pour toutes les substances dont la constitution est naturelle, ne s'effectuent pas indépendamment des corps sensibles[2]. Mais quant à la matière qui sert de substrat à ces corps sensibles, certains

35   philosophes la disent unique : ils posent que c'est l'air, par exemple, ou le feu, ou quelque intermédiaire entre l'air et le

329 a   feu, tout en étant un corps et doué d'une existence séparée[3]. D'autres, au contraire, disent qu'elle est multiple en nombre : pour les uns, c'est le feu et la terre ; pour d'autres, ce sont ces deux éléments, auxquels ils ajoutent l'air comme troisième[4] ; d'autres enfin, comme Empédocle, ajoutent l'eau comme quatrième élément ; et de l'union et de la séparation, ou de

---

1. Sur la difficulté de l'expression περὶ τὰ καλούμενα στοιχεῖα τῶν σωμάτων, l. 31-32, cf. Joachim, 191. – Les « éléments » des corps sont appelés ainsi métaphoriquement, en raison de leur analogie avec les lettres composantes des mots.

2. Par « substances dont la constitution est naturelle », Aristote comprend les homéomères, les anoméomères, les plantes et les animaux ; tous ces êtres sont, en effet, composés de parties naturelles. C'est en un mot, tout ce qui est vivant. Or la vie ne survient pas, chez ces êtres, par l'apparition d'une pure ψυχή, c'est un ἔμψυχον σῶμα qui prend naissance et qui meurt, un composé de matière et de forme, l'âme informant le corps dont elle est inséparable. Quel est donc ce corps, cette matière informée par l'âme ? Telle est la question que se pose Aristote.

3. τι μεταξύ se rapporte à Anaximandre. – Le tort de tous ces philosophes a été de considérer le principe matériel comme étant lui-même un corps, doué d'une existence séparée. Les derniers mots σῶμα τε ὄν... visent donc aussi bien l'air et le feu que « quelque intermédiaire ».

4. D'après Philopon, 207, 18 (cf. Diels, *Vors.*, 230, 21), cette théorie aurait été soutenue par Ion de Chio, philosophe du Ve siècle, auteur de *Triagmoi*. Cf. aussi Isocrate qui, *Or.*, XV, 268, attribue expressément cette doctrine à Ion.

l'altération de ces éléments, ils font résulter la génération et la corruption des choses.

Que donc les corps premiers < matériels > soient nommés 5 à bon droit principes et éléments[1] des êtres, c'est ce qu'on peut accorder : ce sont eux dont les changements, soit par union, soit par séparation, soit par quelque autre transformation, ont pour résultat la génération et la corruption. Mais les philosophes qui admettent une matière unique en dehors des corps que nous avons mentionnés, matière corporelle et séparée, sont dans 10 l'erreur, car il est impossible qu'un tel corps soit sans contrariété sensible, alors qu'il est < forcément > sensible[2]. En effet, cet infini, que certains philosophes assurent être le principe des choses, doit être léger ou lourd, froid ou chaud. Et, d'autre part, ce qui est décrit dans le *Timée*[3] n'offre aucune précision, car Platon n'a pas dit clairement si le réceptacle universel existe séparé des éléments ; il n'en fait non plus aucun usage, et il se 15 contente de dire que c'est un substrat antérieur à ce qu'on nomme les éléments, comme l'or pour les ouvrages en or. – Et cependant cette comparaison aussi, exprimée de cette façon,

1. Sur la différence entre *principe* et *élément*, cf. *supra*, I, 1, 314 a 15, note.
2. C'est là l'erreur reprochée, l. 12, à Anaximandre. L'ἄπειρον est un corps en acte, et il doit être caractérisé, comme tout corps existant, par des qualités contraires, formant une contrariété sensible ; mais alors il est déjà déterminé, il est eau, feu, etc. L. 11, nous lisons avec Prantl, et contrairement à Joachim, τὸ σῶμα τοῦτο αἰσθητὸν ὄν.
3. Cf. *Timée* 49 a, 50 b, 51 a *sq.*, 52 a, 52 c et 52 d. Dans ces différents passages consacrés à l'étude du principe matériel, Platon ne s'exprime, en effet, que par des métaphores qui manquent de précison. Le principe matériel, le « réceptacle universel » (πανδεχές), est conçu tantôt comme un porte-empreintes (ἐκμαγεῖον), tantôt comme une nourrice (τιθήνη) ou un support (ὑποδοχή) ou une mère. Le πανδεχές est absolument indéterminé, ἐκτὸς εἰδῶν, à la façon d'une matière première, mais Platon ne précise pas si c'est un simple contenant ou l'étoffe même des éléments.

manque de justesse : ce sont seulement les choses sujettes à
l'altération qui tirent leur nom du substrat dont elles sont
altération, mais, au contraire, les choses dont il y a généra-
20 tion et corruption ne peuvent pas se comporter ainsi. Platon
dit pourtant que ce qui est de beaucoup le plus vrai, c'est
d'affirmer que chaque objet d'or est or[1]. – Cependant[2] les
éléments, bien qu'étant des solides[3], sont < par lui > réduits
seulement à des surfaces[4], mais il est impossible que des
surfaces soient la « nourrice » et la matière première. – Nous
disons, nous[5], qu'il existe une matière des corps sensibles,
25 mais que cette matière n'est pas séparée et qu'elle est toujours
accompagnée d'une contrariété[6]; c'est d'elle que proviennent
les éléments ainsi nommés. Une définition plus précise de ces
notions a été donnée dans un autre travail[7]. Mais puisque c'est

---

1. La comparaison du πανδεχές platonicien avec l'or (*Timée*, 50 a et b) est
critiquée dans une parenthèse indépendante de l'argument. On peut, dit
Aristote, désigner par le nom du substrat un objet qui est une simple altération
du substrat : par exemple, une boîte d'or est *d'or* (et non pas *or*). Mais il n'en est
plus de même s'il s'agit d'une génération ἁπλῶς, comme pour le cas des
éléments, qui proviennent du réceptacle. – Ce problème de l'appellation a été
plusieurs fois soulevé par Aristote, qui y revient à satiété. Cf. *Phys.*, VII, 3, 245
b 9-246 a 3 ; *Metaph.*, Z, 7, 1033 a 5, Θ, 7, 1049 a 18.

2. Suite de l'argument. Platon, qui ne s'exprime qu'avec beaucoup
d'imprécision sur la nature du πανδεχές, n'en fait non plus aucun usage, car,
lorsqu'il s'agit d'exprimer la génération des éléments, il recourt aux surfaces
triangulaires.

3. Lesquels ne peuvent pas être construits au moyen de surfaces.

4. Alors qu'il n'y a aucune raison de s'arrêter aux surfaces, lesquelles sont,
à leur tour, décomposables en lignes, et les lignes en points. Cf. ci-dessus, I, 2,
315 b 31, et note.

5. Aristote va maintenant exposer sa propre doctrine. Les principes sont : la
πρώτη ὕλη et la contrariété (εἶδος et στέρησις). Les éléments ne sont que les
résultats de ces principe, les premiers corps sensibles.

6. Contrairement à ce qui se passe pour l'ἄπειρον d'Anaximandre.

7. *Phys.*, I, 6-9.

aussi de la même façon que naissent de la matière les corps
premiers, nous devons également apporter quelques préci-
sions à leur sujet[1]; nous devons considérer comme principe et   30
comme première la matière qui, tout en n'étant pas séparée, est
le sujet des contraires, car ce n'est ni le chaud qui est matière
du froid, ni le froid celle du chaud, mais c'est le sujet qui est
matière pour l'un et l'autre contraires. Par conséquent, le
principe à poser en premier lieu, c'est ce qu'est en puissance
un corps sensible; en second lieu, les contrariétés (j'entends,
par exemple, la chaleur et la froidure); et en troisième lieu
dès lors, le feu, l'eau et les autres éléments de cette sorte. < En   35
troisième lieu seulement >, car ces éléments se transforment
les uns dans les autres[2]; et ne se comportent pas comme
Empédocle et d'autres philosophes le prétendent (puisque   329 *b*
l'altération ne serait pas possible)[3], tandis que les contraires ne
se transforment pas les uns dans les autres.

Mais il n'en reste pas moins à se poser, même ainsi[4], la
question de savoir quelles sortes de contrariétés sont les
principes des corps et quel est leur nombre. Tous les autres
philosophes, en effet, les posent et y font appel, sans expliquer   5
pourquoi ce sont celles-là ou pourquoi elles sont en telle
quantité.

---

1. Aristote applique à la génération des quatre éléments ce qu'il a dit, dans
la *Physique*, de la génération en général.

2. Et suppose donc la ὕλη et l'ἐναντίωσίς préalables.

3. À raison de la distinction absolue des éléments.

4. Nous lisons avec Joachim, I, 3, ἀλλ' οὐδὲν ἧττον καὶ ὥς, σώματος
ποίας ..., ὥς ayant le sens de οὕτως; nous sous-entendons ἐναντιώσεις
comme le sujet auquel ποίας et πόσας se réfèrent. – « Même ainsi » signifie
« malgré l'exposé qui précède ».

2
< Réduction des Contrariétés. Les Contrariétés premières :
le Chaud et le Froid, le Sec et l'Humide >

Puis donc que nous recherchons les principes du corps
sensible, autrement dit tangible, et que le tangible est ce dont la
perception est contact, il est clair que ce ne sont pas toutes les
contrariétés qui constituent les formes[1] et les principes du
10 corps, mais seulement celles qui se font par contact. C'est,
en effet, suivant une contrariété que les corps premiers sont
différenciés, et une contrariété suivant le toucher. C'est aussi
pourquoi ni la blancheur et la noirceur, ni la douceur et l'amer-
tume, ni pareillement aucune des autres contrariétés sensibles[2]
ne constituent en rien un élément[3]. Et pourtant < dira-t-on > la
vision est antérieure au toucher, de telle sorte que son substrat
est aussi antérieur < à celui du toucher >. Mais < nous répon-
15 dons que le substrat de la vision > n'est pas une qualité du
corps tangible en tant que tangible, mais en tant qu'autre
chose, même si cette autre chose se trouve être, par sa nature,
antérieure < au substrat du toucher >[4].

---

1. Les contraires informent, en effet, la πρώτη ὕλη. Sur le rôle du toucher,
qui est le caractère déterminant des qualités sensibles et que ceux-ci possèdent
de toute façon, même s'ils n'en possèdent pas d'autres, cf. *de Anima*, II, 11, 423
b 27-29 : ἁπταὶ εἰσὶν α διαφοραὶ τοῦ σώματος ᾗ σῶμα.
2. Non tangibles.
3. Comme sa forme.
4. Aristote répond à une objection. La vue, dira-t-on, est antérieure au
toucher, par sa perfection (cf. *Categ.*, 12, 14 b 4-8; *Metaph.* A, 1, *init.*, Θ, 8,
1050 a 3), de sorte que les contrariétés qui sont *objet* de la vision (sur le sens
spécial de ὑποκείμενον, qui équivaut ici à τὸ ὁρατόν, cf. *de Anima*, II, 7, 418 a
26; III, 2, 425 b 14 et 426 b 8-18) doivent être antérieures aux contrariétés, objet
du toucher. Aristote répond que, même s'il en est ainsi, la question est autre : les

En conséquence, parmi les différences et les contrariétés tangibles, il faut d'abord distinguer lesquelles sont
premières[1]. Les contrariétés se rapportant au toucher sont les
suivantes : chaud-froid, sec-humide, lourd-léger, dur-mou,
visqueux-friable, rugueux-poli, gros-fin. De ces contrariétés le   20
lourd et le léger ne sont ni actifs, ni passifs[2]. Les corps, en
effet, ne sont pas dits < lourds ou légers > parce qu'ils agissent
sur un autre corps ou qu'ils pâtissent par le fait d'un autre
corps. Or il faut que les éléments soient réciproquement actifs
et passifs, puisqu'il y a mixtion[3] et transformation réciproque.
– Par contre, le chaud et le froid, l'humide et le sec sont des
termes dont le premier couple est actif, et le second, passif[4]. En   25
effet, le chaud est ce qui réunit les choses de même genre (car
le fait de séparer, qu'on[5] attribue au feu pour fonction essentielle, c'est de rassembler les choses de même classe, puisqu'il
en résulte l'expulsion des éléments étrangers < à cette
classe >)[6], tandis que le froid est ce qui réunit et rassemble

contrariétés, objet de la vision, ne déterminent pas le corps, dont l'essence est
d'être tangible, en tant que tel, car les corps sont déterminés seulement par les
contraires relevant du toucher.

1. Car il y en a de dérivées (le lourd et le léger, par exemple).

2. Ce qui est nécessaire pour qu'il y ait transformation réciproque : ces
qualités ne sont donc pas constitutives des éléments.

3. Pour former les homéomères.

4. Le chaud et le froid, dans la génération et la corruption respectivement,
jouent le rôle actif, et l'humide et le sec, le rôle passif (Cf. *Meteor.*, V, 382 b
6-10). Voir Joachim, 205-207.

5. Les Pythagoriciens.

6. La fonction essentielle du feu est unificatrice. Elle est séparatrice seulement κατὰ συμβεβηκός, en ce que son œuvre d'unification de choses entrant
dans un même genre a pour conséquence secondaire et accidentelle l'expulsion

30 indifféremment des choses homogènes et des choses de
    classes différentes. D'autre part, l'humide est ce qui est indé-
    limitable par une limite propre, tout en étant facilement déli-
    mitable <par autre chose>, tandis que le sec est ce qui est
    facilement délimitable par une limite propre, mais est diffi-
    cilement délimitable <par autre chose>[1].

    Le gros et le fin, le visqueux et le friable, le dur et le mou et
    les autres différences dérivent de l'humide et du sec[2]. En effet,
35 puisque l'expansivité appartient à l'humide (par le fait qu'il
    n'a pas de forme déterminée, mais qu'il est, au contraire, faci-
    lement délimitable et épouse ce qui est en contact avec lui), et
330 a que, pour le fin aussi, il y a expansivité (car il est composé de
    fines particules, et ce qui est composé de petites parties est
    expansif, étant tout entier en contact avec le tout <qui le
    contient>; or le fin est tel au suprême degré), il est manifeste
    que le fin dérivera de l'humide, et le gros, du sec. – À son tour,
5   le visqueux dérive de l'humide (car le visqueux est un humide
    ayant subi une certaine modification[3], par exemple, l'huile), et
    le friable, du sec (car le friable est ce qui est complètement sec,
    à tel point que sa solidification est le fait d'un défaut d'humi-
    dité). – En outre, le mou dérive de l'humide (car le mou est ce
    qui obéit à la pression en se rétractant, mais non par dépla-

---

des éléments hétérogènes. La fonction du froid est, elle aussi, unificatrice, mais
elle s'exerce sur des choses hétérogènes.

1. Comme le remarque avec raison saint Thomas, *Comm.*, II, lect. 2, 348[2],
*humidum et siccum sunt passiva, per definitiones eorum : definiuntur enim per
passiones eorum.*

2. Ces différences sont donc à éliminer en tant que dérivées.

3. Par un apport d'une petite quantité de sec, ou d'une introduction d'air
(*Meteor.*, IV, 7, 383 b 20).

cement total, comme le fait précisément l'humide, ce qui explique aussi pourquoi l'humide n'est pas mou, quoique le 10 mou dérive de l'humide), et le dur dérive du sec (car le dur est le condensé, et le condensé est sec).

Les termes « sec » et « humide » présentent plusieurs significations[1], car au sec s'oppose non seulement l'humide mais aussi le mouillé, et, inversement, à l'humide s'oppose non seulement le sec mais encore le condensé. Mais toutes ces qualités dérivent du sec et de l'humide dans leur sens premier[2]. 15 Puisque, en effet, le sec est opposé au mouillé, et que le mouillé est ce qui a une humidité étrangère sur sa surface (l'imbibé étant ce qui est pénétré profondément), tandis que le desséché est ce qui a perdu son humidité étrangère[3], il est évident que le mouillé dérivera de l'humide, et que le desséché, qui y est opposé, dérivera du sec au sens premier. À leur tour, l'humide[4] et le condensé ont une même dérivation : 20 l'humide, en effet, est ce qui contient une humidité propre (l'imbibé étant ce qui a une humidité étrangère entrée profondément), tandis que le condensé est ce qui a perdu cette humidité interne : il en résulte que ces deux qualités dérivent aussi, l'une du sec, et l'autre de l'humide. – Il est clair alors que toutes les autres différences se réduisent aux quatre premières, mais que celles-ci ne sont plus réductibles à un plus petit 25

1. Aristote va examiner les sens dérivés de l'humide et du sec, et montrer qu'ils se rapportent tous au sens premier, défini *supra* 329 b 30-32.
2. Nous lisons, l. 16, avec Bonitz et Prantl, πρώτως. Mais on peut lire aussi πρώτων et traduire « que nous avons d'abord mentionnés ».
3. Soit διερόν, soit βεβρεγμένον.
4. Au sens de *liquéfiable* (la cire, le plomb et autres τηκτά), opposé à *condensé*.

nombre : ni le chaud, en effet, n'est ce qui est, par essence, humide ou sec, ni l'humide, ce qui est, par essence, chaud ou froid, ni le froid et le sec ne sont des formes, dérivées soit l'une de l'autre, soit du chaud et de l'humide. Nécessairement donc, les différences sont au nombre de quatre.

3
< Constitution des Eléments par les Qualités élémentaires >

30   Puisque les qualités élémentaires[1] sont au nombre de quatre, et que ces quatre termes peuvent être combinés en six couples, mais que, par contre, les contraires ne peuvent, en vertu de leur nature, être couplés (car la même chose ne peut être chaude et froide, ou encore sèche et humide), il est évident que seront au nombre de quatre les couples de qualités élémentaires chaud-sec, chaud-humide, et, inversement, froid-

330 b   humide, froid-sec. Et ces quatre couples sont attribués, comme une conséquence logique de notre théorie, aux corps qui nous apparaissent simples[2], le feu, l'air, l'eau et la terre. Le feu, en effet, est chaud et sec, l'air, chaud et humide (l'air étant une

5   sorte d'exhalaison), l'eau, froide et humide, la terre, froide et sèche : on aboutit ainsi à une distribution rationnelle des différences parmi les corps premiers, et le nombre de ces corps est conforme à la logique de notre théorie[3].

---

1. Nous traduisons ainsi στοιχεῖα : les qualités élémentaires sont des éléments en ce qu'elles sont les principes mêmes des corps simples auxquels elles sont sont antérieures. Même sens, l. 33, *infra*.

2. Mais qui ne le sont pas en réalité.

3. L'opinion commune sur les quatre éléments s'accorde avec la théorie d'Aristote suivant laquelle il y a quatre qualités élémentaires formant quatre couples.

Tous les philosophes[1], en effet, qui font les corps simples, des éléments, en supposent soit un, soit deux, soit trois, soit quatre. Pour ceux qui professent qu'il n'y en a qu'un et qui 10 engendrent alors les autres êtres par condensation et raré-faction, ils sont conduits à poser en fait deux principes[2], savoir le rare et le dense, ou plutôt le chaud et le froid[3], car ce sont ces qualités qui sont les forces ordonnatrices, tandis que l'Un leur sert de sujet comme matière. – Mais les philosophes qui, dès le début[4], posent deux éléments (tel Parménide[5], le feu et la terre), font les éléments intermédiaires, savoir l'air et l'eau, 15 des mélanges de ces éléments. Même manière de procéder pour ceux qui admettent trois éléments[6], à la façon de Platon qui, dans ses « divisions »[7], fait du « moyen » un mélange. Et il

1. Aristote va confirmer sa propre théorie en montrant, par le moyen d'une revue des systèmes antérieurs, que le nombre des éléments est en relation avec le nombre des qualités élémentaires.

2. C'est-à-dire, en fait, les qualités élémentaires. C'est une conséquence non prévue.

3. Car la raréfaction est due au chaud, et la condensation, au froid.

4. Sur le sens de εὐθύς chez Aristote, cf. Bonitz, *Metaph.*, 178, 319, et surtout *Index aristotelicus*, 296 a 13-21 : ... *Ad significandam id quod suapte natura* ὑπ *non intercedente alia causa.* – Ce terme se trouve employé, avec le même sens, dans *Categ.* 12, 14 a 32; *Anal. prior.*, I, 16, 36 a 6; *Metaph.*, Γ, 2, 1004 a 5, Z, 6, 1031 b 31, etc.

5. Dans la seconde partie de son poème (route de l'Opinion).

6. Ion de Chio.

7. Référence incertaine. Suivant Alexandre, c'est le *Sophiste*, mais ce dialogue ne contient aucune allusion à une théorie des trois éléments; d'après Philopon, il s'agirait des ἄγραφα δόγματα, mais cette assertion n'est pas conforme aux indications du *Timée* (31 b-32 c), dans lequel Platon ne professe nullement qu'il existerait trois corps, dont un intermédiaire. En réalité, comme le remarque Joachim, 215-217, il y a là une simple comparaison avec des théories platoniciennes étrangères à la question traitée par Aristote : peut-être

y a presque identité entre les doctrines de ceux qui reconnaissent deux éléments et de ceux qui en reconnaissent trois, avec cette seule différence que les premiers coupent en deux l'élément moyen, tandis que les derniers le considèrent comme un seul élément. – Enfin, certains philosophes posent, dès le
20 début, quatre éléments, tel Empédocle, qui pourtant, lui aussi, les groupe en deux classes, car au feu il oppose tous les autres[1]. Ce n'est pas cependant que le feu, l'air et chacun des éléments que nous avons mentionnés soit simple : en fait, chacun d'eux est un mixte. Les corps vraiment simples sont, en effet, de même nature qu'eux, mais non pas identiques : par exemple, le corps simple correspondant au feu[2] a forme de feu, mais n'est
25 pas feu; le corps simple correspondant à l'air a forme d'air; et il en est de même pour le reste. Mais le feu[3] est un excès de chaleur, comme la glace un excès de froidure, car la congélation et l'ébullition sont respectivement des excès de froidure et de chaleur. Si donc la glace est une congélation du froid-humide, le feu sera une ébullition du sec-chaud, ce qui d'ailleurs explique pourquoi rien ne procède de la glace ni du feu[4].

faut-il voir une allusion à la Dyade indéfinie du Grand et du Petit, dont la matière (troisième principe) serait un μῖγμα (Philopon). Plus vraisemblablement, Aristote a en vue la formation de l'âme décrite dans le *Timée*, 35 a *sq.*, où le démiurge opère selon des mélanges et des divisions spéciales.

1. Cf. *Metaph.*, A, 4, 985 a 31-b 3. – Cf. notamment fragment 62 Diels.

2. La πρώτη ὕλη informée par le chaud et le sec.

3. Le corps réellement simple.

4. La glace est de l'eau à son maximum de puissance, et le feu, du chaud à son maximum d'intensité. Mais ces éléments sont seulement des « intensifications » des qualités réelles qui seules constituent effectivement les éléments :

Les corps simples, étant au nombre de quatre, se partagent 30
en deux couples qui ont chacun leur lieu : le feu et l'air se
portent vers la limite, la terre et l'eau, vers le centre. En outre,
le feu et la terre sont les éléments extrêmes et les plus purs,
tandis que l'eau et l'air sont intermédiaires et plus mêlés. Et les
éléments de chaque couple sont contraires à ceux de l'autre 331 *a*
couple : au feu est contraire l'eau, et à l'air, la terre, car ces
éléments sont constitués de qualités contraires. Et cependant,
absolument parlant, les éléments, étant au nombre de quatre,
ont chacun une seule qualité propre[1] : pour la terre, c'est le sec
plutôt que le froid, pour l'eau, c'est le froid plutôt que
l'humide, pour l'air, l'humide plutôt que le chaud, et pour le 5
feu, le chaud plutôt que le sec.

4
< *Transformation des Éléments* >

Puisqu'il a été établi antérieurement[2] que, pour les corps
simples, la génération est réciproque, et puisque, en même

---

une chose ne peut donc procéder de la glace ni du feu, mais seulement du froid et
du chaud. Cf. saint Thomas, *Comm.*, II, lect. 3, 352[2].

1. C'est-à-dire : des deux qualités qui caractérisent chaque élément
(chaud-sec, etc.) l'une d'elles est prédominante. – Il n'est pas facile d'expliquer pourquoi, dans les lignes suivantes, Aristote, contrairement à sa doctrine
constante (affirmée notamment dans les *Meteor.*, IV, 4, 382 a 3-4) soutient que
l'eau est caractérisée par le froid et l'air par l'humide. Philopon (230, 29-30)
essaye d'établir que la prédominance de l'humide pour l'air est conforme à la
définition de l'ὑγρόν. Pour Joachim, 219, Aristote ne veut pas dire que l'air est
plus humide que l'eau : son dessein n'est pas de comparer les éléments entre
eux, mais d'indiquer quel est, au sein de chacun d'eux, la qualité qui le caractérise par excellence.

2. I, 1, 314 b 15-26, II, 2, 329 a 35, et surtout *de Coelo*, III, 6, 304 b 23.

temps, il est manifeste, même à la sensation, qu'ils sont
engendrés (sinon il n'y aurait pas d'altération, puisque l'alté-
10 ration se produit selon les qualités des objets du toucher)[1], il
faut expliquer de quelle façon s'effectue leur changement
réciproque, et s'il est possible que tous procèdent de tous, ou
si c'est possible seulement pour certains d'entre eux et
impossible pour d'autres.

Que donc tous se transforment naturellement l'un dans
l'autre, c'est évident. La génération, en effet, a pour terme des
contraires, et pour point de départ, des contraires, et tous les
15 éléments possèdent une contrariété réciproque, par le fait que
leurs différences sont contraires. Pour certains des éléments,
l'une comme l'autre des qualités sont contraires : tel est le cas
du feu et de l'eau (car le premier est sec et chaud, et l'autre,
humide et froid); pour d'autres, l'une seulement des qualités
est contraire : tel est le cas de l'air et de l'eau (le premier étant
humide et chaud, et l'autre, humide et froide). Il en résulte
20 manifestement que, d'une part, < si nous considérons les
éléments > en général, tout élément vient par nature de tout
élément, et que, d'autre part, si on vient à les prendre individuellement, il n'est pas difficile de se rendre compte de
quelle façon < se fait cette génération >. Tous, en effet, procéderont de tous, mais ils différeront par la lenteur et la vitesse, la
facilité et la difficulté < de leur transformation >.

---

1. L'altération est un fait d'expérience et elle implique des modifications
dans les qualités contraires du toucher. La possibilité de la génération des
éléments en ressort donc. L'argument est d'ailleurs obscur. Cf. Joachim, p. 220.

En effet, pour les choses qui ont des « tessères »[1] réciproques, pour celles-là la transformation est rapide, mais 25 pour celles qui n'en ont pas, elle est lente, parce qu'une seule chose change plus facilement que plusieurs : par exemple, du feu viendra l'air, si une seule des deux qualités change (car le feu, disions-nous, est chaud et sec, tandis que l'air est chaud et humide, de sorte que si le sec est dominé par l'humide, on aura l'air); à son tour, de l'air viendra l'eau, si le chaud est dominé 30 par le froid (car l'air, disions-nous, est chaud et humide, tandis que l'eau est froide et humide, de sorte que, si la chaleur change, on aura l'eau). De la même façon aussi, de l'eau viendra la terre, et de la terre, le feu, car ils ont, deux à deux, des tessères. L'eau, en effet, est humide et froide, et la terre, froide et sèche, de sorte que si l'humide est dominé, on aura la 35 terre. Et, à son tour, puisque le feu est sec et chaud, et la terre, froide et sèche, si le froid périt, le feu viendra de la terre. Il en 331*b*

---

1. Aristote entend par σύμβολα (symboles, *tesserae*) des *facteurs complémentaires*; par exemple, le chaud de l'air peut, avec le sec, constituer le feu, et le chaud du feu peut, avec l'humide, constituer l'air : le chaud de l'air et du feu sont des σύμβολα. Bonitz (*Index aristotelicus*, 715 b 1-8) traduit ce mot, trop largement, par *pars*; il en est de même de Carteron, *La Notion de force dans le Système d'Aristote*, p. 50. La définition de Robin (son édition du *Banquet*, 191 d, note) est beaucoup plus précise : « un signe de reconnaissance, manifestation d'une solidarité de droit ». Saint Thomas (*Comm.*, II, lect. 4, 355[2]) explique très exactement : *convenientia in aliqua qualitate*.

Aristote, dans ce paragraphe (331 a 23-b 4), étudie le *premier mode de transformation des éléments* : Transformation d'un élément en l'élément *consécutif* (c'est-à-dire dans l'ordre naturel des éléments, tels qu'ils se suivent : feu → air → eau → terre → feu, et ainsi de suite, κύκλῳ), par la conversion d'une seule qualité élémentaire en son contraire :

Feu (chaud-sec) → air (chaud-humide) → eau (froid-humide) → terre (froid-sec) → feu… C'est le changement le plus rapide et le plus facile.

résulte évidemment que la génération, pour les corps simples, sera circulaire, et que ce mode de changement est le plus facile, par le fait que des tessères se trouvent contenues dans les éléments consécutifs.

5   Mais, d'un autre côté[1], la transformation du feu en eau, et de l'air en terre, et, à son tour, de l'eau et de la terre en feu et en air < respectivement >, est, quoique possible, plus difficile, parce qu'il y a changement d'un plus grand nombre de qualités. Si l'on veut, en effet, que de l'eau procède le feu, il faut qu'auparavant soient détruits et le froid et l'humide, et si l'on veut qu'à son tour, de la terre vienne l'air, il faut qu'auparavant soient détruits et le froid et le sec. Même processus également,

10   si du feu et de l'air viennent l'eau et la terre : nécessairement les deux qualités changeront. Cette génération exige donc un temps plus long.

Mais, d'autre part[2], si une qualité de chacun de ces deux éléments périt, la transformation, quoique plus facile, n'est pas

---

1. *Second mode de transformation des éléments* (331 b 4-11), par la conversion des deux qualités élémentaires en leurs contraires. Ce changement est évidemment plus difficile que le précédent :

Feu (chaud-sec) → eau (froid-humide) et eau (froid-humide) → feu (chaud-sec). Air (chaud-humide) → terre (froid-sec) et terre (froid-sec) → air (chaud-humide).

2. *Troisième et dernier mode de transformation des éléments* (331 b 12-26) : changement de la *somme* de deux éléments *non consécutifs* en l'un ou l'autre des éléments restants, par élimination de deux qualités prises dans chaque élément.

Feu (chaud-sec) + eau (froid-humide) = terre (par élimination du chaud et de l'humide) ou air (par élimination du sec et du froid).

Air (chaud-humide) + terre (froid-sec) = feu (par élimination du froid et de l'humide) ou eau (par élimination du chaud et du sec).

réciproque, mais de la somme du feu et de l'eau résulteront alternativement, la terre et l'air, et de la somme de l'air et de la terre résulteront alternativement le feu et l'eau. Quand, en effet, le froid de l'eau et le sec du feu auront péri, l'air sera 15 (puisqu'il reste le chaud de l'air et l'humide de l'eau); mais quand le chaud du feu et l'humide de l'eau auront péri, la terre sera, grâce à la survivance du sec du feu et du froid de l'eau. De la même façon aussi, le feu et l'eau viendront de la somme de l'air et de la terre. Quand, en effet, le chaud de l'air et le sec de la terre auront péri, l'eau sera (puisqu'il reste l'humide de l'air 20 et le froid de la terre); mais quand l'humide de l'air et le froid de la terre auront péri, le feu sera, grâce à la survivance du chaud de l'air et du sec de la terre, qualités, disions-nous, essentiellement constitutives du feu. La sensation confirme aussi ce mode de génération du feu : la flamme, en effet, est le feu par excellence, mais la flamme est de la fumée qui brûle, et 25 la fumée est constituée d'air et de terre [1].

Cependant, quand il s'agit de deux éléments consécutifs, il n'est pas possible que de la destruction d'une qualité dans chacun de ces deux éléments résulte un changement en l'un quelconque des corps simples, parce qu'il reste, dans le couple d'éléments, des qualités identiques ou contraires [2]; mais aucun corps simple n'a la possibilité d'être constitué soit de qualités

---

Aristote remarque aussitôt après (l. 26 *sq.*) que ce mode de transformation ne joue pas si les éléments sont *consécutifs* (terre + eau, eau + air, air + feu, feu + terre). Soit par exemple terre + eau. L'élimination donnerait froid + froid et sec + humide, ce qui, dans l'un et l'autre cas est impossible.

1. La fumée (καπνός) dérive du chaud de l'air et du sec de la terre, c'est une exhalaison (ἀτμίς) chaude-sèche.

2. Dans nos exemples, ce sera ou bien froid-froid, ou bien sec-humide.

30   identiques, soit de qualités contraires : ce sera le cas, si le sec
du feu et l'humide de l'air ont péri, car il reste le chaud dans
l'un et l'autre élément. D'autre part, si le chaud disparaît
de l'un et de l'autre, il reste les contraires, savoir le sec et
l'humide. Il en est de même également dans les autres cas :
dans tous les éléments consécutifs, en effet, se trouvent une
35   qualité identique et une qualité contraire. Il en résulte en même
temps, avec évidence, que, lorsqu'il y a transformation d'un
seul des éléments consécutifs en un seul, la génération s'effectue par la destruction d'une seule qualité ; si, au contraire, il y a
transformation de deux de ces éléments en un seul, la
génération s'effectue par la destruction de plusieurs qualités.

332 a   Nous venons ainsi d'établir que tous les éléments dérivent
de tous, et d'expliquer la façon dont leur transformation
réciproque se produit.

5

< Confirmation de la théorie >

Nous complétons notre théorie de la façon suivante, au
sujet des éléments.

Si les corps naturels ont pour matière, comme certains
5   philosophes le croient aussi, l'eau, l'air et les éléments de cette
sorte, ces éléments sont nécessairement ou un, ou deux, ou un
plus grand nombre. Mais ils ne peuvent tous être un seul élément ; ils ne peuvent pas, par exemple, être tous air, ou eau, ou
feu, ou terre, puisque le changement a lieu vers les contraires.
Si tous, en effet, étaient air, alors, si l'air subsiste, il y aura

seulement altération et non génération[1]. Ajoutons que personne ne suppose < qu'un élément unique puisse subsister > de telle sorte qu'il soit simultanément eau, aussi bien qu'air ou tout autre élément. Il y aura ainsi une certaine contrariété, une différence, et l'autre membre de cette contrariété, la chaleur par exemple, appartiendra à un autre élément, par exemple au feu. Mais le feu ne sera assurément pas air chaud, car un changement de cette nature est une altération, et ce n'est d'ailleurs pas ce que montre l'expérience; en même temps, si, en sens inverse, l'air vient du feu, ce sera par la transformation du chaud en son contraire; ce contraire sera donc attribué à l'air, et l'air sera quelque chose de froid. Par conséquent, il est impossible pour le feu d'être air chaud, car alors la même chose serait simultanément chaude et froide[2]. Le feu et l'air seront donc en réalité quelque autre chose, la même pour les deux, autrement dit il y aura quelque matière, distincte de l'un et de l'autre et commune aux deux[3].

Le même raisonnement s'applique à tous les éléments : il prouve que ce n'est pas d'un seul d'entre eux que tous

1. Autrement dit, il n'y aura pas de génération proprement dite, mais seulement des modifications de l'air, pris comme unique sujet.

2. L'argumentation, depuis 332 a 10, est la suivante. Soit l'air qui se change en feu par simple ἀλλοίωσις, et tout en demeurant air. Comme le changement a lieu nécessairement de contraire à contraire, l'air doit avoir une qualité contraire à une qualité du feu : ce sera, par exemple, le froid, puisque le feu est chaud. La différence entre l'air et l'air transformé en feu sera donc le chaud, et le feu sera air chaud. Or c'est impossible pour une triple raison : a) c'est une altération et non une génération; b) c'est contraire à l'expérience; c) l'air, ayant une qualité contraire, sera froid, et alors le feu sera chaud en tant que feu, et froid en tant qu'air, ce qui est absurde. Cf. Joachim, 224.

3. C'est la matière première.

proviennent. Mais ce n'est assurément pas davantage d'un
autre corps, distinct de ces quatre éléments, par exemple d'un
corps [1] qui serait moyen entre l'air et l'eau (plus épais que l'air
mais plus subtil que l'eau), ou entre l'air et le feu (plus épais
que le feu, mais plus subtil que l'air). Cet intermédiaire
< supposé >, en effet, deviendra air et feu, si on lui ajoute un
couple de contraires ; mais l'un des deux contraires étant une
privation, il en résulte que cet intermédiaire ne peut jamais
exister seul, comme certains philosophes le prétendent pour
25   l'infini et le milieu ambiant. C'est pourquoi il est indifféremment n'importe lequel des éléments, ou il n'est rien du tout [2].

Si donc rien, rien de sensible du moins, n'existe antérieurement à ces éléments, c'est eux tous qui seront le principe.
Nécessairement donc, ou bien ils persistent toujours et sont
intransformables les uns dans les autres, ou bien ils subissent
des transformations, soit tous sans exception, soit certains
d'entre eux à l'exclusion des autres, ainsi que Platon l'a décrit
30   dans le *Timée* [3]. Or, qu'il y ait nécessairement transformation
réciproque des éléments, c'est ce qui a été démontré antérieu-

---

1. L'infini d'Anaximandre, visé *supra*.
2. Critique de l'ἄπειρον d'Anaximandre. L'argument d'Aristote est le
suivant. L'ἄπειρον étant l'indéterminé, il est susceptible de devenir air ou feu si
on lui ajoute un couple des contraires caractérisant l'un ou l'autre de ces
éléments. Mais il ne peut être indéterminé, car un contraire est privation de
l'autre, et si l'infini n'est pas chaud, il sera nécessairement froid ; il ne sera donc
plus indéterminé, il n'existera pas à part des contraires, et sera, par suite, l'un ou
l'autre des éléments.
3. *Timée*, 54 b-d. Platon admet la génération réciproque du feu, de l'air
et de l'eau, car ils dérivent tous du triangle scalène à angle droit ; la terre, au
contraire, procédant des triangles isocèles, ne peut se transformer dans les
autres éléments, ni les autres éléments en elle.

rement[1]; et il a été établi aussi que la rapidité avec laquelle un élément vient de l'autre n'est pas toujours la même, étant donné que certains éléments, qui possèdent une tessère, se transforment réciproquement plus vite que d'autres qui, n'en possédant pas, se transforment plus lentement. Si donc la contrariété suivant laquelle les éléments sont transformés est une en nombre, inévitablement ces éléments seront au nombre de deux, car la matière est simple moyen < entre les deux 35 contraires >, matière non sensible et non séparée[2]. Et puisque nous observons qu'en fait les éléments sont plus de deux, les 332 b contrariétés doivent être tout au moins au nombre de deux. Mais si elles sont deux, il n'est pas possible qu'il y ait seulement trois éléments ; ils doivent être quatre, ainsi qu'il apparaît de toute évidence : tel est, en effet, le nombre des couples, car, si < théoriquement > il peut y en avoir six, < en fait > deux couples sont irréalisables, en raison de leurs qualités réciproquement contraires[3].

Ces points ont été examinés plus haut. Mais que, étant 5 donné la transformation réciproque des éléments, il soit impossible à l'un quelconque d'entre eux d'être un principe < pour les autres > (qu'on le prenne à l'extrémité[4] ou au milieu[5]), c'est ce que nous allons rendre évident. Un tel élément n'existera pas aux extrémités, car tous les éléments seraient feu ou terre, et ce raisonnement reviendrait à soutenir

1. Tout le chapitre précédent.
2. Elle ne constitue donc pas un troisième élément ; elle est un simple réceptacle des contraires, dont elle ne se distingue que logiquement.
3. Cf. II, chap. 3, *init.*, ci-dessus.
4. Le feu en haut, et la terre en bas.
5. L'air et l'eau.

10 que tous sont constitués de feu ou de terre [1]. – < Cet élément-
    principe ne pourra > non plus exister au milieu, à la façon
    dont certains philosophes supposent que l'air se change tant en
    feu qu'en eau, et l'eau, tant en air qu'en terre, les éléments
    extrêmes n'étant pas, par contre, transformés l'un dans
    l'autre [2]. Car il faut bien s'arrêter et on ne peut aller à l'infini,
    en ligne droite, dans l'une ou l'autre direction, sinon un nombre
    infini de contrariétés s'appliquerait à un seul élément [3]. – Figu-
15 rons la terre par Γ, l'eau par Y, l'air par A et le feu par Π. Si
    donc A se change en Π et Y, il y aura une contrariété attribuée à
    A Π. Admettons que ces contraires soient la blancheur et la
    noirceur. À son tour, si A est changé en Y il y aura une autre
    contrariété < pour AY >, car Y et Π ne sont pas identiques. Soit
    la sécheresse et l'humidité cette seconde contrariété, Ξ figu-
20 rant la sécheresse et Y l'humidité. Maintenant si < quand A est
    changé en Y > le blanc subsiste, l'eau sera humide et blanche,
    mais s'il ne subsiste pas, l'eau sera noire, car le changement a
    pour termes les contraires. Nécessairement donc, l'eau sera ou

----

1. Théorie déjà réfutée *supra* 332 a 6 *sq.* – L. 8, πάντα pourrait aussi se traduire par « toutes choses ».

2. On ne voit pas à quels philosophes Aristote fait ici allusion. Quoiqu'il en soit, leur doctrine était celle-ci. L'air se transforme vers le haut en feu, et vers le bas en terre, la terre et le feu, éléments extrêmes, ne se transformant pas l'un dans l'autre. Ils niaient donc le changement circulaire et se trouvaient dans la nécessité de procéder à l'infini.

3. Cette thèse sera prouvée l. 30 *sq.*, *infra*. Aristote va, en attendant, réfuter la théorie suivant laquelle les éléments intermédiaires, (air et eau) sont seuls ἀρχαί des transformations des éléments dont les points d'arrêt seraient les extrêmes (feu et terre). Il démontre (l. 14-30) qu'en réalité, les extrêmes eux-mêmes peuvent servir d'ἀρχαί pour la transformation en les éléments inter-médiaires ; le feu pourra se changer en eau, par exemple (l. 14-25), car ces deux éléments possèdent des qualités contraires.

blanche ou noire. Admettons qu'elle soit blanche. De la même façon, donc, la sécheresse, Ξ, appartiendra à Π. Il en résultera que, pour le feu, Π, lui aussi, il pourra y avoir changement en eau, car il possède les qualités contraires < à celles de l'eau >,   25 puisque le feu était d'abord, disions-nous, noir, et par suite sec, et l'eau, humide, et par suite blanche. Il est donc évident que, pour tous les éléments, il pourra y avoir transformation réciproque, et que, dans les exemples du moins que nous avons pris, la terre, Γ, contiendra aussi les deux tessères restantes, savoir le noir et l'humide, car ils n'ont pas encore été couplés[1].   30

Qu'il ne soit pas possible d'aller à l'infini, nous nous étions proposé de le démontrer avant la digression que nous venons de faire, et voici qui le prouve. Si, en effet, à son tour, le feu, figuré par Π, se transforme, sans revenir en arrière, en quelque élément autre < que les quatre >, élément figuré, par exemple, par Ψ : une nouvelle contrariété, autre que celles que nous avons mentionnées, sera attribuée au feu et à Ψ, car on suppose   35 qu'il n'y a pas identité entre l'un quelconque des quatre éléments, Γ, Υ, Α, Π, et, d'autre part, Ψ. Soit donc qu'à Π   333 *a* appartienne K, et à Ψ, Φ. Alors K sera attribué à tous les quatre éléments, Γ, Υ, Α, Π, car ils se transforment les uns dans les autres. Admettons pourtant que ce dernier point n'ait pas encore été démontré ; mais, de toute façon, il est clair que si, à son tour, Ψ est transformé en cet autre élément, une autre contrariété sera attribuée non seulement à Ψ mais encore au   5 feu, à Π. Et, pareillement, toute addition d'un nouvel élément

---

1. Il n'a été couplé jusqu'à présent que les qualités blanc-sec (air), noir-sec (feu), blanc-humide (eau). Il reste évidemment à coupler noir-humide (terre), et on raisonnera de même.

entraînera l'attribution d'une nouvelle contrariété aux précédents éléments, de sorte que si les éléments sont en nombre
infini, des contrariétés en nombre infini seront attribuées aussi
à un seul élément[1]. S'il en est ainsi, il n'y aura ni définition, ni
génération d'un élément quelconque. Si l'on veut, en effet,
qu'un élément procède d'un autre, il lui faudra traverser une
si grande quantité de contrariétés, supérieure même à tout
10   nombre déterminé, qu'il en résultera que, dans le sens de
certains éléments, jamais le changement ne se produira, par
exemple si les intermédiaires sont infinis en nombre[2]. Or il est
inévitable qu'ils le soient, puisque les éléments sont infinis.
En outre, il n'y aura même pas changement de l'air en feu, si
les contrariétés sont en nombre infini. Enfin tous les éléments
deviendront un seul : en effet, toutes les contrariétés des
éléments au-dessus de Π doivent appartenir à ceux qui sont
au-dessous, et celles des éléments au-dessous, à ceux qui sont
15   au-dessus, de sorte que tous les éléments n'en feront qu'un.

1. Voici quelle est l'argumentation d'Aristote, depuis l. 30. D'après la
théorie critiquée, l'air, élément intermédiaire, se change en feu, dans le sens du
haut, et en eau, dans le sens du bas, et ce, en vertu de contrariétés définies que
nous connaissons. Si, à son tour, le feu se transforme en un élément nouveau, Ψ,
ce sera en vertu d'une contrariété entièrement nouvelle, K Φ, K appartenant au
feu et Φ à Ψ. Mais comme K ne vient pas du néant, il doit venir de l'élément
précédent, l'air, d'où le feu vient lui-même, et des éléments antérieurs à l'air,
s'il en existe. Et de même, si Ψ se transforme en un autre nouvel élément : on en
arrive à supposer, pour chaque élément, une infinité de contrariétés.

2. Car on ne franchit pas un infini.

6
< Critique de la théorie d'Empédocle >

On peut se demander avec surprise, en ce qui concerne les philosophes qui, à l'exemple d'Empédocle, professent la multiplicité des éléments des corps avec cette conséquence que ces éléments ne se transforment pas réciproquement, de quelle façon il leur est possible de soutenir que les éléments sont comparables[1]. Et pourtant Empédocle s'exprime ainsi : « Car ces éléments sont tous égaux »[2].

Si l'on veut dire qu'ils sont comparables dans l'ordre de la quantité, il est nécessaire que quelque chose d'identique appartienne à tous les éléments comparables et serve à les mesurer. Par exemple, si un cotyle[3] d'eau produit dix cotyles d'air, il y avait alors quelque chose d'identique pour l'un et pour l'autre élément, puisqu'ils sont mesurés par la même unité[4]. – Mais si l'on veut dire que les éléments ne sont pas comparables dans l'ordre de la quantité en ce sens que telle quantité produirait telle quantité de l'autre, mais qu'ils sont comparables en ce sens qu'ils sont en puissance d'agir (par exemple, si un cotyle d'eau possède un pouvoir de refroidissement égal à celui de dix cotyles d'air), même ainsi ils sont comparables dans l'ordre de la quantité, bien que ce ne soit

---

1. Le mot συμβλητός a le sens de *comparable*, d'*additionnable*. Cf. *Metaph.*, livres M et N, où il est fréquemment employé pour l'étude des unités des nombres.

2. Fragment 17 Diels.

3. Le *cotyle* est une mesure de contenance valant un demi-setier (ξέστης), soit 27 centilitres. Douze cotyles égalent un *conge*.

4. Et alors il peut y avoir transformation réciproque, ce qui est contraire au système d'Empédocle.

pas en tant que quantité, mais en tant qu'ils possèdent telle puissance[1]. – On pourrait aussi, au lieu de comparer leurs puissances par la mesure de leurs quantités, procéder par analogie[2], comme quand on dit de même que telle chose est blanche, telle autre chose est chaude. Mais l'analogie d'une chose avec une autre signifie, dans la qualité, la ressemblance, et, dans la quantité l'égalité[3]. Il est ainsi manifestement absurde que les corps simples, tout en étant posés comme intransformables, soient comparables, non pas seulement par analogie, mais par une mesure de leurs puissances, autrement dit, que soit d'une chaleur égale ou semblable telle quantité de feu comparée avec une quantité multiple d'air. Car < si on le prend > plus grand en quantité, le même < air ou le même feu >, étant de même espèce <que la première fois>, aura son rapport augmenté[4].

30

---

1. De toute façon, ce sont les quantités que l'on compare (le chaud, la blancheur, etc., sont des δυνάμεις); or nous venons de voir que c'est impossible.

2. L'*analogie*, qui joue un rôle important dans la philosophie d'Aristote, est une égalité de rapports entre des êtres appartenant à des catégories différentes. Par exemple, ce que la vue est au corps, l'intellect l'est à l'âme; ce que l'occasion est au temps, le séjour salutaire l'est au lieu. Cf. *Eth. Nic.*, I, 4, 1096 b 25. – Dans l'espèce, la comparaison κατ' ἀναλογίαν préserve l'irréductibilité des éléments, car elle n'est pas alors quantitative mais qualitative.

3. Toute l'argumentation d'Aristote repose sur la sentence d'Empédocle citée ci-dessus, l. 19, d'après laquelle les éléments sont égaux. Or, répond Aristote, l'égalité ne se conçoit que dans l'ordre quantitatif. Empédocle aurait pu seulement parler de ressemblance analogique, qualitative, entre l'air et l'eau, par exemple, mais non d'égalité.

4. Les différences qualitatives entre le feu et l'air ne pourront pas entrer en ligne de compte dans l'analogie; on ne pourra comparer que des quantités de même espèce, et alors le rapport (λόγος, *ratio*) ne sera pas égal, mais plus grand: si un cotyle d'eau possède un pouvoir de refroidissement égal à 10, 10

Bien plus : l'accroissement ne serait même pas possible, 35
dans le système d'Empédocle, autrement que par addition. Son
feu, en effet, augmente par le feu. « Et la terre augmente son 333 *b*
propre genre, et l'éther, l'éther »[1]. Mais ces accroissements
ont lieu par addition : or il semble bien que ce n'est pas ainsi
que s'accroissent les choses qui s'accroissent[2]. – Et il est de
beaucoup plus difficile <pour lui> de rendre compte de la
génération qui se produit dans la nature. Les êtres, en effet, qui
sont engendrés naturellement montrent tous, dans leur géné- 5
ration, une uniformité soit absolue, soit constante[3], tandis que
les choses qui sont en dehors de cette uniformité absolue ou
constante naissent du hasard et de la fortune. Quelle est alors la
cause pour laquelle de l'homme vient l'homme, soit toujours,
soit le plus souvent, et du blé, le blé et non un olivier[4]?
Devons-nous dire que si les éléments sont composés de telle

cotyles en auront 10 fois plus. La proportion sera donc plus élevée. – L. 34
τοιοῦτον = πλείω. – Pour la traduction, nous suivons Philopon.

1. Fragment 37 Diels. – Par *éther*, Empédocle entend l'*air*.

2. Sur la conception aristotélicienne de l'accroissement, cf. *supra*, I, 5.

3. La notion d'ὡς ἐπὶ τό πολύ est éminemment aristotélicienne. C'est ce
qui se produit avec une certaine fréquence; substitut imparfait, pour le monde
sublunaire, du nécessaire et de l'immuable, il manifeste l'ordre de la nature.
Cf. *Metaph.*, E, 2, et *passim*.

4. C'est la difficulté qu'Empédocle doit résoudre : d'où vient la régularité
absolue ou même partielle des générations? – Sur la notion de τύχη, cf. *Phys.*,
II, 4, 5, 6, notamment 196 a 36, avec le commentaire de Hamelin. Aristote
distingue l'αὐτόματον (*casus*) qui est la spontanéité, le hasard en général, et la
τύχη (*fortuna*), qui est une espèce particulière du hasard : c'est le hasard dans le
domaine de la pratique humaine. Aristote confond d'ailleurs souvent ces deux
notions.

Sur le passage b 3-18, cf. *de Anima*, I, 4, 408 a 18-23. Sur l'univocité de
la cause et de l'effet, cf. la pénétrante analyse de J. Chevalier, *La notion du
nécessaire*, p. 162.

10   manière, l'os naît ? Car une composition fortuite des éléments
     n'engendre rien, ainsi qu'Empédocle le reconnaît, mais il faut
     une proportion déterminée. Quelle est donc la cause de cette
     composition proportionnelle[1] ? Ce n'est assurément ni le feu,
     ni la terre. Mais ce n'est pas non plus l'Amitié, ni la Haine :
     l'Amitié est seulement une cause d'union, et la Haine, de
     séparation[2]. La cause en question est, en réalité, la substance
     formelle de chaque chose et non pas seulement « un mélange et
15   un échange de ce qui a été mélangé »[3], suivant l'expression
     d'Empédocle. Et c'est la fortune qui, « dans ces cas, est le nom
     donné »[4] et non pas la proportion, car il peut exister un
     mélange fortuit. Ainsi donc, la cause de la génération des êtres
     naturels, c'est cette façon d'être[5] et c'est cela qui constitue la
     nature de chaque chose, nature dont Empédocle ne dit rien.
     Son poème ne nous renseigne donc en rien « sur la nature »[6].
     – Mais de plus, c'est cela qui est l'excellence de chaque
     chose et son bien, tandis que c'est seulement le mélange[7]
20   qu'Empédocle glorifie. Et cependant, tout au moins, les
     éléments sont séparés non par la Haine, mais par l'Amitié[8],

     1. Cf. *Metaph.*, A, 10, 993 a 17, et le *de Anima*, I, 5, 410 a 1-6. – L. 11, nous
     lisons τούτου et non τούτων.
     2. Pour le *Spherus*.
     3. Fragment 8 Diels. Sur le terme διάλλαξις, cf. I, 1, 314 b 8, note.
     4. Parodie d'Empédocle, fragment 8 : φύσις δ' ἐπὶ τοῖς ὀνομάζεται
     ἀνθρώποισιν.
     5. C'est-à-dire : c'est la proportion définie de leurs éléments.
     6. Contrairement aux promesses de son titre.
     7. En tant que le mélange est l'œuvre de l'Amitié, car Empédocle, suivant
     Aristote (*Metaph.*, A, 4, 984 b 32-985 a 10), regardait l'Amitié comme la cause
     de tous les biens.
     8. Aristote (*Metaph.*, A, 4, 985 a 21-29, Γ, 2, 1000 a 24-b 12) reproche
     à Empédocle d'avoir, en réalité, fait de la Haine un principe d'union (en

puisque les éléments sont, par nature, antérieurs à Dieu et qu'ils sont aussi des dieux[1].

En outre, en ce qui concerne le mouvement, Empédocle s'exprime d'une façon trop absolue. Il ne suffit pas, en effet, de dire que l'Amitié et la Haine meuvent, à moins qu'il n'ait voulu dire que l'essence de l'Amitié soit de mouvoir de telle façon, et celle de la Haine, de mouvoir de telle autre façon[2]. Mais alors il fallait ou bien définir, ou bien assumer ces **25** mouvements comme hypothèse, ou bien encore les démontrer, avec ou sans rigueur, ou d'une façon quelconque[3]. De plus, étant donné que les corps simples apparaissent mus, tant par la contrainte et contrairement à leur nature que suivant leur nature même (par exemple le feu monte sans contrainte, mais descend par contrainte)[4], que ce qui est naturel est contraire à ce qui se fait par contrainte et que le mouvement forcé existe[5], il s'ensuit que le mouvement naturel peut aussi se produire. **30** Est-ce donc ce dernier mouvement dont l'Amitié est cause? Ne serait-ce pas plutôt qu'il n'en est rien? Au contraire, en

constituant les différents individus) et de l'Amitié un principe de séparation (en détruisant les individus pour les réunir au *Spherus*).

1. Le *Spherus* est Dieu, et les éléments, antérieurs au *Spherus*, sont aussi introduits sous des noms mythologiques (cf. fragment 6).

2. Empédocle n'explique pas la nature du mouvement par ses deux principes. Peut-être voulait-il signifier que l'Amitié et la Haine sont des forces naturelles, génératrices, l'une, de l'union, l'autre, de la séparation. Mais alors il fallait adopter à leur égard une attitude φυσικῶς, les définir, ou les supposer ou les démontrer.

3. Comme il s'agit d'objets naturels, une démonstration mathématique proprement dite eût été impossible. Il fallait au moins tenter une preuve quelconque, d'ordre inférieur, fût-ce une preuve purement dialectique.

4. Il monte *suapte natura* vers le haut, qui est son lieu naturel.

5. De l'aveu même d'Empédocle.

effet, le mouvement naturel meut la terre vers le bas et
ressemble à la séparation[1], et c'est donc plus la Haine que
l'Amitié qui est sa cause, de sorte que, en général aussi[2],
l'Amitié semblerait être plus contraire à la nature que la Haine.
– Et < dans ce système >, à moins que l'Amitié ou la Haine ne
les mette en mouvement, il n'y a absolument, pour les corps
35   simples eux-mêmes, aucun mouvement, ni repos[3]. Mais c'est
absurde, et ce qui l'est encore davantage c'est que < dans le
propre système d'Empédocle > les éléments se meuvent mani-
334a festement. La Haine, en effet, séparait bien < les parties du
Spherus >, mais ce n'était pas par la Haine que l'éther était
porté vers le haut[4]. Au contraire, tantôt Empédocle attribue
son mouvement à une cause semblable à la fortune («car il se
rencontra que l'éther s'étendit ainsi, mais souvent ce fut
autrement»)[5], tantôt il assure que c'est la nature du feu qui le
porte en haut, mais l'éther, dit-il, «poussait sous la terre de
5   longues racines»[6]. Et, simultanément, il affirme aussi que

1. Texte de Joachim : τοὐναντίον γάρ τὴν γῆν κάτω, καὶ διακρίσει
ἔοικεν (l. 30-31). – Il y a, en effet, plutôt séparation, dont la Haine serait cause,
car la terre s'éloigne ainsi des autres éléments.

2. Et inversement. – Conclusion, qui est la condamnation d'Empédocle :
l'Amitié et la Haine ont des fonctions précisément contraires à celles qu'il leur
attribue.

3. Ils n'ont pas de mouvement propre ; ils sont mis en mouvement seulement par l'Amitié ou la Haine.

4. Autrement dit, Empédocle reconnaissait lui-même que les éléments
étaient doués d'un mouvement propre : la Haine ne faisait qu'amorcer la désintégration du *Spherus*, mais les éléments une fois séparés, se dirigeaient *motu
proprio* vers leurs lieux naturels.

5. Fragment 53. Cf. *Phys.*, II, 4, 196 a 22-23. – Rappelons que, pour
Empédocle, *éther* signifie *air*.

6. Fragment 54.

l'ordre du monde est le même maintenant, sous le règne de la
Haine, qu'il était autrefois sous le règne de l'Amitié. Quel est
donc le premier moteur des éléments et la cause de leur
mouvement? Ce n'est, en effet, ni l'Amitié ni la Haine; au
contraire, ce ne sont là que des causes d'un mouvement
déterminé, si du moins le premier moteur doit être un principe
< du mouvement en général >[1].

Il est étrange aussi[2] que l'âme soit composée d'éléments
ou qu'elle soit l'un d'eux. En effet, les altérations qui se   10
manifestent dans l'âme, comment auront-elles lieu? Par
exemple, comment se produira le passage du musicien au non-
musicien, ou de la mémoire à l'oubli? Car il est évident que, si
l'âme est feu, les déterminations qui lui appartiendront seront
seulement celles du feu en tant que feu; par contre, si elle est un
mixte, elle ne possédera que des propriétés corporelles; or, des
changements que nous venons de mentionner, aucun n'est
corporel.

7
< Constitution des homéomères à partir des Éléments >

Mais l'examen de ces difficultés est l'œuvre d'une   15
recherche différente[3]. Revenons aux éléments dont les corps

---

1. L. 9, nous lisons, avec Joachim, εἴ γ᾽ ἐστὶν ἐκεῖνο ἀρκή. – L'Amitié et
la Haine ne sont pas la cause de l'ordre de l'Univers; ce ne sont que des causes
secondes de mouvements particuliers, lesquelles supposent un premier moteur
du mouvement en général, sur l'existence et la nature duquel Empédocle ne
s'explique pas.

2. Pour ce dernier paragraphe, cf. de Anima, I, 5, 409 b 23-410 a 22.

3. Cf. de Anima, I, 4 et 5, et spécialement 408 a 18-23, 409 b 23.

sont constitués. Les philosophes[1] qui admettent, d'une part, quelque chose de commun à tous les éléments, et, d'autre part, leur transformation réciproque, sont dans la nécessité, s'ils acceptent l'une ou l'autre de ces deux thèses, de recevoir logiquement l'autre. Par contre, ceux qui rejettent la génération réciproque des éléments[2] autrement dit la génération d'un élément à partir d'un autre élément pris individuellement, excepté au sens où les briques viennent d'un mur[3], sont

20   en présence du paradoxe suivant : comment, d'une pluralité d'éléments proviendront les chairs, les os et l'un quelconque des autres homéomères[4]?

La question que nous venons de poser constitue une difficulté, même pour les philosophes qui admettent la génération réciproque des éléments : de quelle façon procède de ces éléments quelque autre chose, distincte d'eux ? Je prends un exemple : il est possible que du feu vienne l'eau, et de l'eau, le feu (car leur substrat est quelque chose de commun à l'un et à

25   l'autre). Mais la chair aussi, sans doute, en procède, et aussi la moelle. Comment alors se fait leur génération[5] ? Pour les philosophes, en effet, qui professent une théorie comme celle d'Empédocle, quel sera le mode de génération ? Ce sera nécessairement < pour eux > une composition à la façon dont un mur

1. Les Pythagoriciens et Aristote lui-même.
2. Empédocle.
3. Un élément ne peut provenir d'un autre. Tout au plus pourrait-il en constituer seulement un *extrait*, au sens où une brique est extraite d'un mur.
4. Sur la réponse d'Empédocle et son insuffisance, cf. *infra*, I, 26.
5. Car il n'y a pas de substrat commun, comme tout à l'heure pour le feu et l'eau.

est formé de briques et de pierres[1]. Et le mélange dont ils
parlent[2] sera constitué par les éléments, ceux-ci étant conservés, mais avec leurs particules juxtaposées l'une l'autre. Telle 30
sera donc aussi la façon dont la chair et chacun des autres
homéomères procéderont des éléments. Il en résulte que toute
partie quelconque de chair ne pourra pas donner naissance au
feu et à l'eau[3] : c'est ainsi que de tel morceau de cire peut bien
provenir une sphère, et une pyramide, de tel autre, mais il était
possible, du moins pour chacune des deux figures, de provenir
indifféremment de l'un ou de l'autre morceau de cire : tel est le 35
mode de génération, quand de toute partie quelconque de chair
viennent le feu et l'eau. Les philosophes, cependant, qui
professent la théorie en question sont dans l'impossibilité de
concevoir la génération de cette façon ; ils la conçoivent seule- 334 *b*
ment à la façon dont une pierre ou une brique provient du mur,
chacune provenant d'une place et d'une partie différente.
– Pareillement, même ceux pour qui est unique la matière des
éléments éprouvent un certain embarras à expliquer comment
quelque chose peut provenir de la somme de deux éléments, du
froid et du chaud, par exemple, ou du feu et de la terre. Si la
chair, en effet, est constituée par ces deux éléments et n'est ni 5
l'un ni l'autre, et si elle n'est pas davantage une composition

1. Autrement dit, une simple agrégation et non une μίξις.
2. Le mélange ou *Spherus*, qui constituera une simple juxtaposition des
éléments, lesquels conserveront leurs qualités, tout en étant divisés en
particules.
3. Il faut ajouter : ou à la terre et à l'air. Or cela est, pour Aristote, contraire
à l'expérience. D'un fragment quelconque d'homéomère conçu à la façon d'un
agrégat, on ne pourra, suivant ces philosophes, extraire indifféremment l'eau ou
le feu ; on devra extraire le feu de telle partie, et l'eau, de telle autre, ce qui est,
pour Aristote, inadmissible.

de ces éléments, qui seraient conservés, que reste-t-il d'autre
que d'identifier ce qui procède de ces deux éléments avec leur
matière? Car la corruption de l'un des deux éléments produit
soit l'autre, soit la matière.

La solution ne serait-elle donc pas la suivante[1]? Puisqu'il
y a du plus et du moins dans le chaud et dans le froid, quand
l'un existe absolument, en entéléchie, l'autre existera en puis-
10   sance; mais quand ni l'un ni l'autre n'existe dans la pleine
totalité de son être, mais que le chaud est < relativement >
froid, et le froid, < relativement > chaud (à raison de ce que leur
mélange détruit les excès réciproques de froid et de chaud),
alors ce qui résultera des deux contraires, ce ne sera ni leur
matière[2], ni l'un ou l'autre d'entre eux, pris dans son entéléchie d'une façon absolue, mais un intermédiaire. Et cet intermédiaire, suivant qu'il est en puissance plus chaud que froid
15   ou *vice versa*, par là même, il aura une puissance de chauffer
double ou triple de son pouvoir de refroidir, ou suivant une
autre proportion de même nature[3]. Ainsi tous les corps autres

---

1. Aristote explique, à son tour, la γένεσις des différents homéomères à
partir des mêmes éléments, et comment elle diffère de la génération d'un
élément à partir d'un autre élément.

2. La matière n'étant ni froide, ni chaude.

3. « En d'autres termes, il y a un sens dans lequel les éléments, en tant que
constituant les homéomères, sont comparables (cf. la critique d'Empédocle,
333 a 16-24). Les constituants des homéomères sont les corps simples en tant
que chaud, froid, sec et humide : et ces qualités élémentaires forment, par leur
action et leur passion réciproques, un chaud relatif et un sec relatif. Ces intermédiaires diffèrent dans les différents homéomères; mais, quoique différents,
ils sont néanmoins comparables, parce qu'ils sont définis dans les termes de la
proportion (positive ou négative) de leur puissance de chauffer à leur puissance
de refroidir » (Joachim, 242). Cf. aussi saint Thomas, *Comm.*, II, lect. 8, 370[1].

que les éléments[1] proviendront des contraires, ou plutôt des éléments en tant qu'ils ont été combinés[2], et les éléments proviendront des contraires en tant que ceux-ci existent en puissance d'une certaine façon, non pas à la façon de la matière, mais de la façon que nous avons indiquée[3]. Et quand la génération s'effectue de cette dernière façon[4], c'est une mixtion, tandis que ce qui est engendré de l'autre façon[5] est 20 matière. – En outre, les contraires aussi pâtissent, suivant la définition < disjonctive > établie dans la première partie de ce travail[6], car le chaud en acte est froid en puissance, et le froid en acte, chaud en puissance, de sorte que, à moins d'être égaux, ils se transforment l'un dans l'autre (et il en est de même pour les autres contraires). C'est de cette façon alors que, en premier lieu, les éléments sont transformés, et que < en second 25 lieu >[7], à partir des éléments, sont engendrés les chairs, les os et autres homéomères de cette sorte, le chaud devenant froid, et le froid, chaud, quand ils ont été réduits à une moyenne : car à ce milieu il n'y a ni froid, ni chaud[8]. La moyenne cependant, est de grande étendue et non indivisible[9]. Pareillement aussi, le sec et l'humide, et les qualités de cette nature, en tant que

1. C'est-à-dire tous les σύνθετα et notamment les ὁμοιομερῆ.
2. De manière à former des μεταξύ, comme il a été expliqué plus haut.
3. 334 b 8-16.
4. b 10-12.
5. b 6-7 : quand un contraire est détruit par l'autre.
6. I, 7.
7. L. 25, nous lisons, avec Joachim, δέ et non δή.
8. Dans l'intermédiaire (μέσον), il y a seulement froid relatif et chaud relatif, ainsi que nous l'avons vu plus haut.
9. L'intermédiaire est une étendue et non un point, il est capable de fluctuations à l'intérieur de certaines limites définies.

30   ramenés au moyen produisent les chairs, les os et autres
homéomères.

8
< Chaque composé contient les quatre Eléments >

Tous les corps mixtes, tous ceux qui sont dans le lieu du
corps central, sont constitués de tous les corps simples[1]. La
terre, en effet, se trouve contenue en tous les composés, parce
que chaque corps simple est particulièrement et le plus abon-
damment en son lieu propre[2]; pour l'eau, c'est par le fait,
d'une part, qu'il faut une limite définie au composé et que,
35   seule entre les corps simples, elle est aisément délimitable, et,
335 a   d'autre part, que la terre, sans l'humide, n'a aucune puissance
de cohésion, tandis qu'au contraire l'humide est ce qui la rend
continue, car si l'eau était complètement éliminée de la terre,
celle-ci se désagrégerait.

La terre et l'eau sont donc contenues dans les composés,
pour ces diverses raisons. Il en est de même pour l'air et le feu,
5   parce qu'il sont les contraires de la terre et de l'eau, la terre
étant contraire à l'air, et l'eau, au feu, au sens où il est possible qu'une substance soit le contraire d'une substance[3]. Et
puisque la génération des composés a pour point de départ des
contraires, et que tous les composés contiennent l'un des deux

1. Les homéomères sont constitués des quatre éléments à la fois. – L. 31,
περὶ τὸν τοῦ μέσον τόπον, le corps central est la Terre, et son lieu est le centre
de l'Univers : il n'y a de corps composés que dans le monde sublunaire.
2. L'élément terre domine, les corps composés se trouvant περὶ τὸν τοῦ
μέσον τόπον.
3. En ce sens que les substances possèdent des qualités élémentaires
contraires (par exemple, froid-sec pour la terre et chaud-humide pour l'air).

couples extrêmes des contraires, de toute nécessité ils contiennent aussi l'autre[1]. Il en résulte que, dans tout composé, tous les corps simples se trouvent contenus.

L'alimentation de chacun des composés témoigne aussi, semble-t-il, en faveur de notre théorie[2]. Tous les composés, en effet, se nourrissent de substances identiques à leurs éléments constitutifs, et tous se nourrissent de plusieurs substances. Et même les êtres qu'on pourrait croire nourris par une seule substance seulement, telles les plantes, par l'eau, se nourrissent, en fait, de plusieurs, car la terre a été mélangée avec l'eau. Telle est d'ailleurs la raison pour laquelle les agriculteurs s'efforcent de n'arroser qu'après avoir mélangé[3].

Puisque l'aliment relève de la matière et que ce qui est alimenté, c'est la figure et la forme engagée dans la matière[4], il est facile dès lors de comprendre pourquoi, alors que tous les corps simples viennent l'un de l'autre, le feu est seul à se nourrir, comme nos prédécesseurs l'ont également reconnu. C'est que le feu, seul ou principalement, relève de la forme, par le fait qu'il tend naturellement à se porter à la limite[5]. Et toute chose tend naturellement à se porter à son lieu propre, mais

1. Si les composés contiennent le froid-sec (terre), ils contiennent aussi les contraires chaud-humide (air), et s'ils contiennent le froid-humide (eau), ils contiennent le chaud-sec (feu), autrement la génération ne se produirait pas.

2. Sur l'assimilation de la nourriture, cf. *supra*, I, 5, 320 b 34 *sq.*

3. Mélangé l'eau avec le fumier (κόπρα) qui est une espèce de terre.

4. Cf. I, 5, 321 b 6-6, 322 a 33.

5. Le feu est de nature formelle, en ce sens que la forme est la limite, et que le feu, ayant un mouvement ascendant, tant pour le monde sublunaire tout entier que pour chaque homéomère, se porte à la surface, qui est son lieu propre.

pour toutes choses, la figure et la forme consistent dans les limites[1].

Que donc tous les corps composés soient constitués de tous les corps simples, c'est ce qu'on vient d'expliquer.

9

< *Les causes de la Génération et de la Corruption : les causes matérielle, formelle et finale. La cause efficiente*[2] >

Puisqu'il existe des être générables et corruptibles, et que
25   la génération se rencontre en fait dans la région centrale de l'Univers[3], nous devons expliquer, pour toute génération indifféremment, le nombre et la nature de ses principes, car il nous est ainsi plus facile de comprendre les espèces particulières, une fois que nous sommes d'abord en possession d'une théorie de l'universel[4].

Ainsi ces principes sont égaux en nombre et identiques par le genre, aux principes mêmes des réalités éternelles et primor-
30   diales[5]. En effet, il y a un principe comme matière, un autre comme forme, et il faut y ajouter un troisième, qui doit, lui

---

1. La *figura* de tout corps est sa *superficies*.
2. Pour le plan général, cf. I, 1, 314 a 1-6.
3. C'est-à-dire dans le monde sublunaire.
4. La γένεσις est considérée comme un καθόλου dont les différents types de γεννητά sont les formes spécifiques. Or on comprend mieux ces dernières quand on connaît l'universel d'où elles dérivent. – L. 27, nous lisons τὰ καθ᾽ ἕκαστα (F. H. J. et Joachim), et non τὰ καθ᾽ ἕκαστον (mss. EL, et Prantl).
5. Lesquelles ont perceptibles et en mouvement, et doivent s'expliquer par les mêmes ἀρχαί.

aussi, être présent[1], car les deux premiers ne sont pas suffisants pour expliquer la génération, pas plus qu'ils ne le sont pour les réalités éternelles. – Maintenant, au sens de cause matérielle, la cause des êtres générables est ce qui peut à la fois être et ne pas être[2] (certaines choses, en effet, nécessairement existent, telles les réalités éternelles, tandis que d'autres, nécessairement, n'existent pas. Et pour ces deux sortes de choses, il est **35** impossible aux premières de n'être pas, et impossible aux secondes d'être, par ce fait qu'elles ne peuvent s'écarter de la **335 b** nécessité de leur nature. Par contre, il existe d'autres choses, capables à la fois d'être et de ne pas être), ce qui est la marque essentielle du générable et corruptible, car tantôt il est, et tantôt il n'est pas. Il en résulte nécessairement qu'il y a génération et corruption pour ce qui peut à la fois être et n'être pas. Et c'est **5** pourquoi, au sens de cause matérielle, telle est la cause des choses générables par contre, au sens de cause finale, c'est leur figure et leur forme, laquelle est la définition exprimant la substance de chacune d'elles[3].

Mais il faut en plus la présence du troisième principe[4], celui que tous nos prédécesseurs ont entrevu comme en songe,

1. Savoir, la cause efficiente. Cette cause explique la génération des corps sublunaires, et, en ce qui concerne les οὐράνια σώματα, elle explique non pas leur génération, puisqu'ils sont ἀγένητα, mais leur mouvement.

2. La matière, qui est pure puissance, simple réceptacle des contraires, est et n'est pas, car elle se réalise seulement en l'un des deux contraires. – La phrase est interrompue par des considérations sur le nécessaire; elle reprend, l. b 2, au mot ὅπερ, lequel a comme antécédent τὸ δυνατὸν εἶναι καὶ μὴ εἶναι, l. a 33.

3. Aristote a donc posé la cause matérielle, puis la cause formelle et la cause finale, ces deux dernières étant confondues. Il passe maintenant à la cause efficiente ou motrice.

4. La cause efficiente.

mais que nul n'a établi. Bien au contraire, les uns jugeaient suffisante, comme cause de la génération, la nature des Idées[1]
10   ainsi que le fait Socrate dans le *Phédon*. Socrate, en effet, après avoir reproché aux autres philosophes de n'avoir apporté aucune explication[2] suppose à son tour que les êtres sont, d'une part, les Idées, d'autre part, les choses qui participent aux Idées, et que, tandis que chaque chose est dite exister en vertu de l'Idée, elle est dite être engendrée en tant qu'elle participe à l'Idée, et périr en tant qu'elle la perd[3]. Il en résulte, si ces
15   doctrines sont vraies, que les Idées, dans la pensée de Socrate, sont nécessairement cause de la génération et de la corruption. – Par, contre, d'autres philosophes[4] disent que ce principe est la matière, car c'est d'elle que procède le mouvement.

En réalité, aucune de ces deux théories n'est fondée. Si, en effet, les Idées sont causes, pourquoi n'engendrent-elles pas toujours et d'une façon continue, au lieu de le faire à de certains moments et non à d'autres, puisque les Idées sont
20   éternelles, et les choses participables, éternelles aussi ? En outre, dans certains cas, nous apercevons que la cause est autre que l'Idée. La santé, en effet, c'est le médecin qui la réalise, et la science, le savant[5], quoique la Santé-en-soi et la Science-en-soi existent, aussi bien que les êtres qui y participent. Il en est de même aussi pour toutes les autres choses qui sont produites

---

1. Autrement dit, la cause formelle.
2. *Phédon*, 96 a-99 c.
3. Cf. *Phédon*, 100 b-101 c.
4. Les Atomistes et Empédocle.
5. Le médecin et le savant sont causes efficientes, en ce qu'ils rendent respectivement le malade bien portant et l'élève, savant.

selon une puissance[1]. – D'autre part, dire que la matière est
la cause génératrice en raison de son mouvement serait sans **25**
doute plus conforme au réel[2], que la théorie précédemment
critiquée. La cause altérante et modificatrice de la figure est
plus vraiment cause pour engendrer[3], et partout nous sommes
habitués à regarder comme cause productrice, indifféremment
dans les êtres naturels et dans les produits de l'art, ce qui fait
naître le mouvement. Pourtant cette seconde théorie non plus
n'est pas juste.

En effet, il est de la nature de la matière de pâtir et d'être **30**
mue, tandis que mouvoir et agir est le fait d'une autre puissance[4]. Cela est évident, tant pour les choses qui procèdent de
l'art que pour celles qui procèdent de la nature. Car ce n'est pas
l'eau en elle-même qui produit d'elle-même un animal ; et ce
n'est pas non plus le bois qui fait un lit, c'est l'art. Ainsi donc la
théorie de ces philosophes n'est pour cette raison, pas fondée ;
< ils ont le tort > aussi de négliger une cause plus fondamen- **35**
tale, puisqu'ils rejettent la quiddité et la forme[5]. – Bien plus,

---

1. δύναμις a ici le sens de τέχνη, habileté technique (cf. Bonitz, *Index aristotelicus*, 207 b 4 *sq.*, 12).

2. Aristote oppose φυσικῶς à λογικῶς. Cf. *supra*, I, 2, 316 a 10, note.

3. Le mouvement a plus d'importance que les Idées pour la génération, car c'est lui qui fait naître la chose.

4. Le mouvement ne peut donc provenir de la matière, et les philosophes en question ont tort de le croire. La matière n'est δύναμις qu'au sens passif. Sur cette signification de la δύναμις, cf. *Metaph.*, Θ, 1, 1046 a 9-29 ; 6, 1048 a 25-b 9.

5. Sur l'importance de la forme et de la quiddité, voir de nombreux textes dans la *Metaph.*, Z, 8, 1033 b 29 ; 1034 a 8 ; 9, 1034 a 33-b 4, etc. – τὸ τί ἦν εἶναι, c'est ce qu'il a été donné d'être à quelque chose (*quod quid erat esse*), c'est-à-dire, explique saint Thomas (*de Ente et Essentia*, cap. I), *hoc per quod aliquid habet esse quid* ; c'est la quiddité (*quidditas*), la nature (*natura*) de la

336 a   faisant abstraction de la cause formelle, ils confèrent aux corps simples les puissances au moyen desquelles s'opère la génération, en exagérant leur rôle d'instruments[1]. Étant donné, en effet, que, dans leur doctrine, il est de la nature du chaud de séparer, de celle du froid de réunir, et de chacun des autres

5   contraires d'agir et de pâtir, c'est à partir de ces contraires et par leur action qu'ils expliquent la génération et la corruption de tout le reste[2]. Pourtant, il apparaît que même le feu est lui-même mû et patient. – En outre, ils procèdent à peu près comme si on assignait à la scie et à chacun des outils du charpentier la cause des choses produites, car, nécessairement, le

10   bois, quand on le scie, se divise, et quand on le rabote, devient lisse; et il en est de même pour tous les autres outils[3]. D'où, quand bien même il serait vrai que le feu agit et meut, pourtant, dans la façon dont il meut, ces philosophes ne s'aperçoivent pas qu'il est encore inférieur aux outils[4].

chose, la forme. La quiddité se rapproche de l'universel (καθόλου) mais avec cette différence qu'elle est quiddité d'un τόδε τι, d'un être individuel et concret, tandis que le καθόλου est l'unité d'une multiplicité quelconque. En somme, c'est la définition totale de la chose, l'ensemble de ses attributs essentiels; τὸ τί ἦν εἶναι a donc moins d'extension que τὸ τί ἐστι qui est le genre. Cf. Bonitz, *Index aristotelicus*, 763 b 10 *sq*. (Le parfait ἦν s'explique parce que la forme est antérieure au composé).

1. Les corps simples, ou éléments, sont des instruments de la génération, mais soumis à l'action de la forme, qui est le principal facteur. En éliminant la forme, les philosophes en question en arrivent à donner aux éléments le rôle prépondérant et à exagérer leur modeste rôle d'instruments passifs.

2. Ils oublient ainsi que les puissances matérielles sont purement passives.

3. Les éléments ne sont que des instruments, des outils qui doivent être mis en œuvre par une puissance indépendante.

4. Le feu, en admettant qu'il soit une puissance active, ne tend pas à la γένεσις, mais à la φθορά : il est donc, à cet égard, inférieur encore aux outils. Cf. saint Thomas, *Comm.*, II, lect. 9, 375[2].

En ce qui concerne notre propre thèse, nous avons donné une théorie générale des causes dans un précédent travail[1], et nous venons de nous expliquer sur la matière et la forme.

10
< Les causes de la Génération et de la Corruption : la cause efficiente, suite >

En outre[2], puisqu'on a démontré que le mouvement de translation est éternel[3], il ressort nécessairement de ce que nous avons établi que la génération est aussi continue. En effet, la translation < éternelle > produira la génération d'une façon ininterrompue, parce qu'elle fait le générateur[4] s'approcher et s'éloigner < alternativement >. En même temps, il est clair que nous avions aussi raison, quand, dans un travail antérieur[5], nous appelions la première espèce de changement, translation et non génération. Il est, en effet, beaucoup plus rationnel pour l'Être d'être la cause de la génération du non-être, que pour le non-être d'être la cause de la génération de l'Être. Or le transporté est, et l'engendré n'est pas[6]; c'est pourquoi aussi la translation est antérieure à la génération.

1. *Phys.*, II, 3-9.
2. Tout l'exposé qui suit repose sur des conceptions cosmologiques dont Aristote donne un bon résumé dans la *Metaph.*, Λ, 8, 1073 b 18-1074 a 17.
3. Cf. *Phys.*, VIII, 7-9. La continuité de la génération est due à l'éternité du mouvement.
4. Le Soleil. Sur l'alternance de la γένεσις et de la φθορά, cf. *Phys.*, II, 2, 194 b 13; *Metaph.*, Λ, 5, 1071 a 15-16; 6, 1072 a 10-18.
5. *Phys.*, VIII, 7, 260 a 26-261 a 26.
6. Le transporté est, car tout mouvement est le mouvement d'un corps; l'engendré n'est pas, parce qu'il est imparfait et en marche vers son principe (τὸ γινόμενον ἀτελὲς καὶ ἐπ' ἀρχὴν ἰον). *Phys.*, VIII, 7, 261 a 13.

Et, puisqu'a été supposée et prouvée[1] la continuité, dans
25 les choses, de la génération et de la corruption, et que nous
professons que la translation est la cause du devenir, il est
manifeste que, si la translation est une, il n'est pas possible, à
l'un et l'autre processus à la fois[2] de s'effectuer, puisqu'ils
sont contraires ; car, par nature, la même cause, demeurant
dans le même état, produit toujours le même effet, de sorte que,
< d'un mouvement unique >, ce serait soit la génération, soit la
corruption qui se produirait toujours. Mais il faut que les mouvements soient multiples, et aussi contraires, soit par le sens de
30 leur translation[3], soit par leur irrégularité[4], car des effets
contraires ont des contraires pour causes.

Et telle est la raison pour laquelle ce n'est pas la première
translation[5] qui est cause de la génération et de la corruption,

---

1. Cf. *supra*, I, 3, 317 b 33.

2. C'est-à-dire la génération et la corruption, qui, étant contraires, supposent des causes diverses et non une seule cause.

3. Le sens *spatial* de la translation de deux mouvements peut être le haut et
le bas, ou le droit et le gauche, l'avant et l'arrière, de sorte qu'un mouvement
circulaire n'a pas de contraire, quel que soit son sens.

4. Dans la vitesse.

5. C'est-à-dire la révolution, en 24 heures, d'est en ouest, du premier Ciel,
qui a elle-même pour cause immédiate le premier Moteur, Dieu (*Phys.*, VIII, 6,
258 b 12-260 a 10). – Le mouvement de translation est la cause de la génération,
et l'éternité de ce mouvement, la cause de la perpétuité de la génération. Mais
quel mouvement de translation ? Ce ne peut être en raison de l'alternance de la
γένεσις et de la φθορά, un mouvement unique, ce doit être un mouvement
multiple. Or le mouvement du Soleil le long de l'Ecliptique répond à cette
condition : c'est un mouvement circulaire, sans doute, mais qui, à raison de son
inclinaison sur l'Ecliptique, accomplit des mouvements partiels, lesquels sont
contraires par le sens de leur translation, et peut-être aussi par l'irrégularité de la
vitesse ; ces mouvements partiels sont, l'un, la cause de la génération, l'autre,
celle de la corruption.

mais le < mouvement du Soleil > le long de l'Ecliptique, car en
ce mouvement sont contenues, non seulement la continuité
< indispensable >, mais aussi une dualité de mouvement. Il est
nécessaire, en effet, si du moins l'on veut qu'il y ait toujours
continuité dans la génération et la corruption, qu'il y ait un   336 *b*
corps toujours mû [1], pour éviter une défaillance de ces changements, et mû avec une dualité de mouvement, pour empêcher
que l'un des deux changements se produise seul. Or, la continuité de ce mouvement a pour cause la translation du Ciel tout
entier [2], mais le mouvement de rapprochement et d'éloignement du dit corps [3] a pour cause l'inclinaison < de l'Écliptique >, car cette inclinaison entraîne comme conséquence que
le corps tantôt s'éloigne et tantôt se rapproche, et, sa distance
étant inégale, son mouvement sera irrégulier. De sorte que   5
s'il engendre par son rapprochement et sa proximité, par
son éloignement et son retrait ce même corps corrompt [4], et
s'il engendre par de nombreuses approches successives, il
corrompt aussi par de nombreux éloignements successifs [5],
puisque des effets contraires ont des contraires pour causes ; et

1. Savoir, le Soleil qui se déplace le long de l'Ecliptique.

2. La révolution du premier Ciel entraîne, par son contact, toutes les
Sphères inférieures.

3. Le Soleil.

4. Ou plus exactement, la γένεσις d'une chose (l'homme, par exemple) est
la φθορά d'une autre (la semence) ; par son approche, le Soleil engendre une
chose plus réelle (l'homme), et, par son retrait, une chose moins réelle (la
semence).

5. Aristote fait rentrer dans sa théorie l'explication du développement et de
la décrépitude des organismes : les organismes sont engendrés et arrivent à leur
maturité par une série d'approches successives du Soleil, et ils s'éteignent peu à
peu et en un temps égal à celui de leur développement, par une série de retraits
successifs du Soleil.

10 la corruption comme la génération naturelles se passent en
    un temps égal. C'est pourquoi aussi les durées et les vies des
    différentes espèces de vivants ont un nombre, nombre par
    lequel on les distingue, car, pour toutes choses, il y a un ordre,
    et toute vie et toute durée est mesurée par une période ; toutes
    les choses, cependant, ne sont pas mesurées par la même
    période : pour les unes, elle est plus courte, et, pour les autres,
    plus longue ; pour certaines, c'est une année, pour d'autres un
15 temps plus long, pour d'autres enfin un temps plus court, qui
    est la période servant de mesure.

    L'observation sensible est, au surplus, d'accord avec nos
    théories. Ainsi, nous voyons que la génération accompagne
    l'approche du Soleil, et la corruption, son éloignement[1], et que
    l'une et l'autre se passent en un temps égal, car sont égales
    les durées de la corruption et de la génération naturelles.
20 Néanmoins, il arrive souvent que les êtres périssent en un
    temps plus court, à raison de l'implication réciproque[2] < des
    choses qui sont engendrées et de celles qui périssent >. Leur
    matière, en effet, étant irrégulière et n'étant pas partout la

    1. Par exemple, le renouveau de la végétation au printemps et à l'été, et son
    déclin à l'automne et à l'hiver.
    2. διὰ τὴν πρὸς ἄλληλα σύγκρασιν. – Ces mots sont très difficiles à
    expliquer, même si on lit, avec Philopon, σύγκρουσιν. Joachim les considère
    comme suspects (p. 262). Nous avons adopté sa traduction sans beaucoup de
    conviction. Pour le fond même du raisonnement, la pensée d'Aristote est claire.
    Il y a des êtres qui, contrairement à la loi d'égalité de temps posée ci-dessus,
    périssent prématurément. Cela tient au défaut d'homogénéité de leur matière à
    l'intérieur d'une même espèce. Ce déséquilibre a pour conséquence un déve-
    loppement anormal de certains individus, lequel (en vertu du principe qui veut
    que la γένεσις d'une chose soit la φθορά d'une autre) est compensée par la
    décrépitude plus rapide des autres. Cf. saint Thomas, *Comm.*, II, lect. 10, 378[2].

même, nécessairement leurs générations aussi sont irrégulières, les unes trop rapides, les autres trop lentes; il en résulte ainsi < ce que nous venons de dire >, par le fait que la génération < irrégulière > de ces choses est la corruption des autres.

Toujours, comme nous l'avons dit, la génération et la corruption seront continues, et jamais elles ne feront défaut, en raison de la cause que nous avons établie[1]. Et cette continuité se trouve rationnellement justifiée. En effet, en toutes choses, disons-nous, la nature tend toujours vers le meilleur[2], et il est meilleur d'être que de n'être pas (nous reconnaissons à l'Être des sens multiples; nous l'avons expliqué ailleurs)[3], mais l'Être[4] ne peut appartenir à toutes choses, parce qu'elles sont trop éloignées de leur Principe[5]. Aussi est-ce de l'autre façon que Dieu a réalisé la perfection de l'Univers c'est en faisant la génération ininterrompue, car ainsi l'enchaînement le plus rigoureux possible serait assuré à l'existence, par ce fait que ce qui se rapproche le plus de l'être éternel, c'est que la génération elle-même toujours se refasse[6].

---

1. C'est-à-dire la cause matérielle. Cf. I, 3, 318 a 9. Aristote va maintenant indiquer la cause finale de la continuité de la γένεσις.

2. Dieu.

3. Cf. *Metaph.*, *passim* et notamment Δ, 7.

4. C'est-à-dire l'Être absolu, avec ses conséquences, notamment l'éternité.

5. Dieu.

6. Le monde sublunaire des γεννητά se réduit à une imitation imparfaite des réalités éternelles (cf. la notion de l'ἐπὶ τό πολύ, substitut de l'ἀεί) : à défaut de l'irréalisable continuité et éternité des individus, il atteint à la continuité et à l'éternité spécifique, par la pérennité de la forme. La perfection de l'Univers est ainsi réalisée, même ici-bas (cf. *de An.*, II, 4, 415 a 25-*b* 7; cf. aussi le *Banquet*, 207 d *sq.*). Consulter aussi J. Chevalier, la *Notion du nécessaire*, p. 166-167 : « La génération continue et circulaire réalise dans la nature toute la nécessité dont la nature est capable. Nécessité de production implique et signi-

La cause de cette perpétuité de la génération est, comme
337 a nous l'avons dit à maintes reprises, la translation circulaire, car
elle est seule continue. C'est pourquoi aussi toutes les autres
choses, qui se transforment réciproquement l'une dans l'autre
en vertu de leurs affections et de leurs puissances[1], telles que
les corps simples[2], imitent la translation circulaire. En effet,
5   quand l'eau se change en air, l'air en feu, et que le feu se
change à son tour en eau[3], nous disons que la génération a
fermé le cercle parce qu'elle revient à son point de départ. Il en
résulte aussi que la translation rectiligne n'est continue que par
imitation du mouvement circulaire[4].

En même temps, ces considérations éclaircissent un problème qui embarrasse certains philosophes[5], savoir pourquoi
les corps simples, étant donné que chacun d'eux se porte à son
10 lieu propre, ne se sont pas, dans l'infinité du temps, éloignés
l'un de l'autre. La cause en est leur transformation réciproque.
Si, en effet, chacun d'eux demeurait en son lieu propre, et ne
se transformait pas sous l'action de l'élément voisin, il y a
longtemps qu'ils se seraient éloignés l'un de l'autre. Leur
transformation se fait, ainsi, grâce à la translation envisagée

---

fie production continue : car le nécessaire va de pair avec l'éternel » (sur ce
dernier point, cf. *infra*, II, 11, 337 b 33).
1. Le sec et l'humide sont passifs, le chaud et le froid, actifs.
2. Et aussi les σύνθετα, formés des éléments.
3. En repassant par l'air.
4. Le changement d'eau en air, d'air en feu, etc., est rectiligne (de bas en
haut, ou de haut en bas), mais comme il y a retour au point de départ, ce changement rectiligne est semblable au changement circulaire.
5. On ignore quels sont ces philosophes.

dans sa dualité[1]. Et cette transformation fait que nul d'entre eux ne peut rester en aucun des lieux qui lui est assigné[2].

Que donc il y ait génération et corruption, pour quelle 15 cause, et quel est le sujet engendré et corrompu, voilà qui résulte manifestement de ce que nous avons dit.

Mais il y a nécessairement quelque cause motrice, si l'on veut qu'il y ait mouvement, ainsi que nous l'avons expliqué antérieurement dans d'autres ouvrages[3] ; si < l'on veut, d'autre part, que le mouvement soit > éternel, il doit y avoir quelque < cause motrice > éternelle ; si l'on veut qu'il soit continu, une cause une et identique, immobile, ingénérable et inaltérable ; enfin si les mouvements circulaires[4] sont multiples, leurs 20 causes doivent être multiples sans doute, mais toutes doivent, de quelque façon, être subordonnées à un principe unique. – En outre, le temps étant continu, le mouvement est nécessairement continu, puisqu'il est impossible que le temps soit séparé du mouvement. Le temps est donc un nombre de quelque mouvement continu, et par suite du mouvement circulaire, ainsi que nous l'avons déterminé dans nos discus- 25 sions du début[5]. – Mais le mouvement est-il continu en raison

1. Le mouvement annuel du Soleil est la cause des mouvements alternants, vers le haut ou vers le bas, des différents éléments, ce qui les met en contact.

2. Par l'ordre du monde.

3. *Phys.*, VIII, 4, 255 b 31-6, 260 a 10 ; *Metaph.*, Λ, 7, 1072 a 19-8, 1074 b 14. Toute l'argumentation de ce § est d'ailleurs un résumé de la *Physique*.

4. C'est-à-dire les mouvements continus, qui, par suite, sont circulaires.

5. Renvoi à la *Phys.*, IV, 10, 217 b 29-14, 224 a 17 et VIII, 1, 251 b 10, tous passages relatifs à la théorie du temps. – Le temps est un πάθος du mouvement, et il y a du temps partout où il y a de l'antérieur et du postérieur. C'est le nombre du mouvement (ἀ ιθμὸς κινήσεως) selon l'antérieur et le postérieur (κατά

de la continuité du mobile ou bien de la continuité de ce en quoi le mouvement se produit, je veux dire le lieu ou la qualité[1] ? Il est clair que c'est en raison de la continuité du mobile[2]. Comment, en effet, la qualité peut-elle être continue autrement que par la continuité de la chose à laquelle elle appartient ? Et si la continuité du mouvement s'explique par la continuité de ce en quoi le mouvement se produit[3], cela est vrai seulement du lieu qui le contient, car il possède une certaine grandeur. Mais, des corps continus en mouvement, celui qui est mû circulairement est seul continu, de telle sorte qu'il reste lui-même avec lui-même toujours continu[4].

Tel est donc ce qui produit le mouvement continu : c'est le corps transporté circulairement ; et son mouvement fait le temps < continu >[5].

30

τὸ πρότερον καὶ ὕστερ ν., *Phys.*, VIII, 11, 219 b 2), mais c'est un nombre nombré (τὸ ἀριθμούμενον) et non nombrable (ᾧ ἀριθμοῦμεν). De plus, il est ἀεί, et par suite il est πάθος du mouvement circulaire qui seul peut être ἀεί. Aussi le temps implique-t-il la révolution du premier Ciel, laquelle est, en fait, le seul mouvement circulaire et continu.

1. De la qualité, s'il s'agit d'une ἀλλοίωσις. Mais Aristote pense surtout à la φθορά.

2. Car la continuité est attribut de l'étendue, et l'étendue, en son sens premier et fondamental, est à trois dimensions : c'est un σῶμα.

3. Mais à titre de condition secondaire seulement.

4. Le corps mû circulairement est continu en ce qu'il conserve sa continuité avec lui-même à travers le mouvement. Il en résulte que le siège du mouvement contribue par sa continuité à la continuité du mouvement. – Le texte est extrêmement concis et nous avons dû paraphraser.

5. Aristote affirme de nouveau, après avoir posé les prémisses tirées de sa discussion empruntée à la *Physique*, que, comme il le dit *supra*, l. 336 b 2-3, c'est le mouvement du Ciel tout entier qui est la cause de la continuité du mouvement. Le τὸ κύκλῳ σῶμα de la l. 32 est le corps constituant le premier Ciel (car, dans la physique aristotélicienne, étrangère à toute cinématique, tout

11
< De la nécessité de la Génération >

Puisque, dans les choses qui se meuvent d'une manière
continue dans l'ordre de la génération, ou de l'altération, ou du **35**
changement en général, nous voyons qu'il y a continuité et que
tel engendré vient après tel autre, sans laisser d'intervalle, il **337 b**
faut examiner si l'un quelconque des termes de la série sera
nécessairement, ou s'il n'en est rien, mais si tous peuvent ne
pas être engendrés [1]. Car, que certains aient cette possibilité,
c'est évident, et tout de suite on voit qu'il y a différence entre le
« sera » [τὸ ἔσται] et le « devant être » [τὸ μέλλον] [2]. S'il est
vrai, en effet, de dire de telle chose qu'elle sera, il doit, à un **5**
moment donné, être vrai de dire qu'elle est ; tandis que, s'il est
vrai de dire de cette chose maintenant qu'elle doit arriver, rien
n'empêche qu'elle ne se produise pas : car quelqu'un, qui doit
marcher pourrait cependant ne pas marcher. Et, d'autre part,
d'une manière générale, puisque certaines des choses qui sont,
sont aussi capables de ne pas être, il est évident qu'il en sera
ainsi également pour elles, quand elles sont engendrées ; autrement dit, leur génération ne sera pas nécessaire [3]. Est-ce donc
que toutes choses sont ainsi < contingentes > ? Ou, au contraire, **10**

---

mouvement est mouvement d'un corps), lequel imprime le mouvement continu
à tout le reste.

1. Le problème posé se rattache à tout ce qui précède. Aristote a démontré
la continuité de la génération, autrement dit qu'un γιγνόμενον suit immédiatement un autre γιγνόμενον, sans intervalle. Il se demande maintenant si
l'apparition d'un γιγνόμενον quelconque de la série est ou non nécessaire.

2. Avec le simple sens du futur, *futurum esse*.

3. La contingence de l'être entraîne celle de la génération. L. 11, on peut,
avec Joachim, 271, supprimer τά devant γιγνόμενα.

n'en est-il rien, mais est-il absolument nécessaire pour certaines choses d'être engendrées, et, de même que, dans le domaine de l'être, on distingue ce qui ne peut pas ne pas être et ce qui peut ne pas être, doit-on faire aussi une distinction de même nature dans le domaine de la génération? Par exemple, est-il nécessaire que les solstices se produisent et n'est-il pas possible qu'ils puissent ne pas se produire?

Maintenant, on doit admettre que l'antécédent a nécessairement été produit, si l'on veut que le conséquent existe [1]. Par

15   exemple, si c'est une maison, des fondations, et si ce sont des fondations, le mortier. Est-ce donc < inversement > que, si les fondations sont faites, la production de la maison est nécessaire? N'est-ce pas plutôt qu'il n'en est rien [2], à moins toutefois que le conséquent, lui aussi, ne soit produit en vertu d'une nécessité absolue [3]. S'il en est ainsi, il est nécessaire également [4] que, les fondations étant faites, la maison soit produite, car l'antécédent est, disions-nous, avec le conséquent dans une relation telle que, si l'on veut que ce dernier soit, nécessairement le premier est produit auparavant. Si donc il est

20   nécessaire que le conséquent soit produit, l'antécédent aussi doit nécessairement l'avoir été et si l'antécédent a été produit, le conséquent aussi est produit par suite nécessairement, non

---

1. L. 14, nous lisons τὸ ὕστερον ἔσται. Pour ce §, cf. *Anal. post.*, II, 12, 95 a 24, etc.

2. Autrement dit, il n'y a pas de réciprocité. Le conséquent n'est pas nécessaire par rapport à l'antécédent posé, et l'antécédent n'est lui-même nécessaire que ἐξ ὑποθέσεως, quand on a posé l'existence du conséquent.

3. Si le conséquent est absolument nécessaire, il entraîne par le fait même la production nécessaire de l'antécédent, car il ne peut se produire *ex nihilo*. Il y a alors réciprocité entre la production du conséquent et celle de l'antécédent.

4. Aussi bien que *vice versa*.

pas cependant à cause de l'antécédent, mais parce que, par hypothèse, il allait être produit nécessairement. Dans les cas, donc, où le conséquent existe nécessairement, il y a conversion des termes, et toujours la production de l'antécédent entraîne nécessairement la production du conséquent.

Si maintenant, il y a processus à l'infini en descendant[1], 25 il n'y aura pas, pour tel terme postérieur < au présent >, production en vertu d'une nécessité absolue : cette nécessité sera seulement hypothétique. Il sera, en effet, indéfiniment nécessaire qu'un autre terme soit produit avant ce conséquent déterminé, pour fonder la nécessité de la génération de ce dernier. Il en résulte que, puisqu'il n'y a pas de point de départ pour ce qui est infini, il n'y aura non plus aucun terme premier pour fonder la nécessité de la production des autres termes.

Mais, même en ce qui concerne les termes d'une série 30 finie[2], il ne sera pas possible de dire avec vérité que l'un de ces

---

1. C'est-à-dire : dans la direction du futur. Autrement dit : il y aura des effets à l'infini. Cf. d'ailleurs, *infra*, 338 a 8 : ὡς ἐπι τῶν ἐσομένων. – Aristote envisage d'abord une succession rectiligne *infinie*. Il va établir que chaque conséquent de cette série est nécessaire seulement ἐξ ὑποθέσεως, autrement dit, est conditionnée par l'arrivée du terme *immédiatement subséquent* (et non pas du terme précédent, puisque la série est ἐπι τὸ κάτω). Soit, dans l'ordre chronologique, les termes A, B, C, D... Z, et supposons A le moment présent et Z situé à l'infini. L'arrivée de C, par exemple, sera conditionnée par celle de D, celle de D, par celle de E, etc. Il n'y a donc pas nécessité absolue. À la fin du paragraphe, l. 28 *sq.*, Aristote fait observer que le « terme premier » (Z, dans notre exemple), qui commanderait l'existence des termes précédents à titre de fin, ne peut pas exister, puisque, dans une série infinie, il n'y a pas de terme premier. Cf. sur ce dernier point *Metaph.*, A, 2.

Pour tout ce difficile paragraphe, on consultera Alexandre, ' Απορίαι καὶ λύσεις, II, 22, pp. 71-72. – L. 337 b 26, nous lisons avec Joachim, ... ἁπλῶς, ἀλλ' ἐξ ὑποθέσεως, et nous supprimons la négation qui précède ἐξ.

2. Aristote passe à la succession rectiligne finie.

termes est produit d'une façon absolument nécessaire : par exemple, la maison, quand les fondations sont faites. En effet, quand elles sont faites, à moins qu'il n'y ait nécessité éternelle pour la maison d'être produite, la conséquence serait que toujours existe une chose qui peut n'être pas toujours[1]. En réalité il faut que la chose soit toujours dans sa génération, si sa

35 génération est nécessairement[2]. Car ce qui est nécessairement est aussi, en même temps, ce qui est toujours, puisque ce qui est

338 a nécessaire ne peut pas ne pas être. Il en résulte que, si une chose existe nécessairement, elle est éternelle, et, si elle est éternelle, elle existe nécessairement. Et, par suite, si la génération d'une chose est nécessaire, sa génération est éternelle, et, si elle est éternelle, elle est nécessaire.

Si donc la génération de quelque chose est absolument

5 nécessaire, nécessairement elle est circulaire et revient à son point de départ[3]. Nécessairement, en effet, ou bien il y a une limite pour la génération, ou bien il n'y en a pas, et, s'il n'y en a pas[4], la génération est ou rectiligne, ou circulaire. Dans cette dernière alternative, si l'on veut que la génération soit éternelle, il n'est pas possible qu'elle soit rectiligne, à raison de ce qu'il ne peut y avoir aucun point de départ (que les termes soient pris en descendant, c'est-à-dire comme des événements

1. Autrement dit, une chose absolument nécessaire est toujours ; or ce n'est pas le cas de la maison.

2. De même que l'Être nécessaire est éternel, une γένεσις nécessaire est éternelle ; autrement dit, la chose est toujours en génération, ce qui est absurde pour la maison (cf. *Eth. Nic.*, VI, 3, 1139 b 23-24).

3. Aristote restreint donc la γένεσις nécessaire ἁπλῶς aux γιγνόμενα appartenant à une génération circulaire, à l'exclusion de toute succession rectiligne, qu'elle soit finie ou infinie.

4. Et il n'y en a pas, ainsi qu'Aristote l'a démontré II, 10.

futurs, ou en remontant, comme des événements passés)[1].
Cependant, la génération doit avoir un principe < si l'on veut
qu'elle soit nécessaire et, par suite éternelle >, et, si elle est   10
limitée, elle ne peut être éternelle[2]. En conséquence, la
génération est nécessairement circulaire. Par suite, il y aura
nécessairement conversion : par exemple, si telle chose est
nécessairement, son antécédent aussi est par suite nécessaire,
et, inversement, si l'antécédent est nécessaire, le conséquent
aussi nécessairement se produit. Et cet enchaînement réciproque sera éternellement continu, car il n'importe aucunement
que nous raisonnions à travers deux ou plusieurs termes.

C'est donc dans le mouvement et dans la génération   15
circulaires que se trouve la nécessité absolue. Autrement dit, si
la génération de certaines choses est circulaire, c'est nécessairement que chacune d'elles est engendrée et a été engendrée, et
s'il y a nécessité, leur génération est circulaire.

Ces résultats s'accordent logiquement avec l'éternité du
mouvement circulaire, c'est-à-dire du mouvement du Ciel
(fait qui est d'ailleurs rendu évident d'une autre façon)[3],
puisque ces mouvements, qui appartiennent à cette révolution
éternelle et qui en dépendent[4], sont produits nécessairement et
existeront nécessairement. Si, en effet, le corps mû circulai-   **338 b**

---

1. Conformément à ce qui vient d'être dit 337 b 28-29. – Pour le texte, nous
lisons, l. 8-9, avec Joachim :... ἀρχήν (μήτ' ἂν κάτω ὡς ἐπὶ τῶν ἐσομένων
λαμβανομένων, μήτ' ἄνω ὡς ἐπὶ γενομένων).
2. Texte vraisemblablement corrompu. Nous adoptons la leçon et la
traduction de Joachim.
3. Cf. *Phys.*, VIII, 7-9.
4. Les mouvements des Sphères inférieures.

rement[1] meut toujours quelque chose, il est nécessaire que le mouvement des choses qu'il meut[2] soit aussi circulaire. C'est ainsi que de l'existence de la translation supérieure[3] il suit que le Soleil est mû circulairement d'une façon déterminée[4], et puisque le Soleil accomplit ainsi < sa révolution >, les saisons, pour cette raison, ont une génération circulaire et reviennent sur elles-mêmes ; et puisqu'elles ont une génération circulaire, il en est de même, à leur tour, pour les choses qui en dépendent[5].

5

Pourquoi donc alors certaines choses sont-elles manifestement engendrées de cette façon circulaire (telles que les pluies et l'air, de telle sorte que, s'il y a un nuage, il doit pleuvoir, et que, inversement, s'il pleut, il doit y avoir un nuage), tandis que les hommes et les animaux ne reviennent pas ainsi sur eux-mêmes, en ce sens que le même individu serait engendré de nouveau ? En effet, il n'est pas nécessaire, si ton père a été engendré, que tu sois toi-même engendré, quoique, si tu es engendré, ton père doive l'avoir été. Au contraire, cette dernière génération semble être rectiligne[6].

10

Le principe de cette nouvelle recherche doit être le suivant : est-ce d'une façon semblable que tous les êtres retournent à leur point de départ ? Ou plutôt n'en est-il rien, mais, au contraire, ne s'agit-il pas tantôt d'une identité numérique, tantôt d'une simple identité spécifique ? Alors pour les

1. Le premier Ciel.
2. Les Sphères inférieures.
3. C'est-à-dire l'existence du mouvement du premier Ciel.
4. Dans l'Écliptique.
5. Les êtres vivants.
6. ἔοικεν, quoiqu'elle soit en réalité κύκλῳ, mais *species*.

choses dont la substance, celle qui est mue, est incorruptible[1],
il est évident qu'elles seront identiques aussi en nombre (car   15
le mouvement est corrélatif au mû)[2]; par contre, pour celles
dont la substance est, non pas incorruptible, mais corruptible,
nécessairement leur retour sur elles-mêmes conservera l'identité spécifique, mais non l'identité numérique. C'est pourquoi
l'eau, qui vient de l'air, et l'air, de l'eau, sont identiques spécifiquement, et non numériquement; et même si ces éléments
aussi étaient identiques en nombre[3], de toute façon il n'en serait
rien pour les choses dont la substance est engendrée, et qui est
d'une nature telle qu'elle est en puissance de ne pas être.

FIN

1. Celle des corps célestes, chacune de ces substances étant l'unique individu d'une espèce.
2. Le mouvement est un simple πάθος du corps mû, et le caractère du
mouvement est déterminé par le caractère du mobile.
3. Suivant l'opinion d'Empédocle.

INDEX[1]

A

τὸ ἀγαθόν, le Bien, le bon (τὸ καλόν a souvent le même sens).

ἀγένητος, ingénérable (voir γένεσις).

ἀδιαίρετος, indivisible (synonyme de ἄτομος); τὰ ἀδιαίρετα, les natures indivisibles, synonyme de τὰ ἁπλᾶ, τὰ ἀσύνθετα.

ἀδιάφορος, indistinct, indifférencié.

ἀδύνατος, impossible, impuissant.

ἀεί, toujours, éternel, opposé à ὡς ἐπὶ τὸ πολύ, ce qui arrive le plus souvent.

ἀήρ, air, l'un des quatre éléments.

ἀθετός, qui n'occupe pas de position, non spatial, opposé à θετός.

αἴδιος, éternel.

ἡ αἴσθησις, la sensation, le sens; τὸ αἰσθητόν, le sensible, l'objet de la sensation; αἰσθάνεσθαι, percevoir, sentir; ἀναίσθητος, non sensible; τὸ αἰσθητικόν, la faculté sensitive.

---

1. Pour faciliter la lecture et l'étude du *de Generatione et Corruptione*, nous avons jugé utile de dresser un lexique sommaire des principaux termes. – Les références se rapportent, non pas au texte même de Bekker, mais aux notes explicatives correspondantes. Un certain nombre de mots cités ne figurent d'ailleurs pas dans notre traité. – Pour les détails nous renvoyons à l'*Index aristotelicus*, de Bonitz, et à l'*Index nominum et rerum* de M. Léon Robin, qui figure à la fin du second volume de la *Physique* d'Aristote, coll. Guillaume Budé (éd. Carteron).

αἰτία, αἴτιον, cause, raison, motif (I, 314 a 15).

ἀκινησία, immobilité; ἀκίνητος, immobile.

ἀκολουθεῖν, obéir, correspondre à, être corrélatif à, accompagner, être à la suite de.

ἄκρα, les extrêmes (soit au sens physique, en parlant des éléments, soit au sens logique, pour désigner, dans le syllogisme, le petit terme et le grand terme), opposé à μέσα, les moyens, employé dans les mêmes sens.

ἀλλοίωσις, du genre κίνησις; c'est l'altération κατὰ ποιόν; ἀλλοιοῦσθαι, être altéré; τὸ ἀλλοιοῦν, l'agent altérant, la cause efficiente de l'altération.

ἅμα, coexistence, simultanéité; en même temps, avec, corrélativement.

ἀμεγέθης, sans grandeur.

τὸ ἄμφω, le composé (de matière et de forme).

ἀναγκαῖον, nécessaire; ἐξ ἀνάγκης εἶναι, être nécessaire, éternel; les faits ἐξ ἀνάγκης sont les faits nécessaires et constants.

ἀναλογία, analogie (II, 6, 333 a 28).

ἀνάλυσις, analyse, réduction.

ἄνισος, inégal; τὸ ἄνισον, l'inégal.

τὰ ἀνομοιομερῆ, les anoméomères ou organes, opposé à ὁμοιομερῆ (I, 1, 314 a 19).

ἀνόμοιος, dissemblable.

ἀντίθεσις, opposition, qui comprend la contradiction (ἀντίφασις), la contrariété (ἐναντιότης), la relation (πρὸς τι), la privation et la possession (στέρησις, ἕξις); τὰ ἀντίκειμενα, les opposés.

ἀντίφασις, la contradiction, espèce de l'opposition.

ἄνω, le haut, la périphérie, par opposition à κάτω, le bas, le centre: caractérise la position des éléments extrêmes dans le monde sublunaire (le feu et la terre).

ἀόρατος, invisible.

ἀόριστος, indéterminé; ἀορίστως, d'une manière indéterminée.

ἀπαθής, impassible.

ἀπειρια, défaut, insuffisance d'expérience.

ἄπειρος, infini; τό ἄπειρον, l'infini, l'indéterminé; ἀπ. κατὰ τὴν διαίρεσιν, infini par division ou infini en puissance, par opposition à l'infini κατὰ τὴν πρόσθεσιν, infini par addition ou en acte (I, 3, 318 *i* 21); ἰέναι εἰς ἄπειρον, procéder à l'infini, par opposition à στῆναι, s'arrêter.

ἁπλοῦς, simple; τὰ ἁπλᾶ, les natures simples, incomposées, les éléments, synonyme de τὰ ἀδιαιρετα, par opposition aux σύνθετα; γένεσις (ou φθορά) ἁπλῆ, *generatio* (ou *corruptio*) *simpliciter* (voir γένεσις); ἁπλῶς, absolument, proprement dit.

ἀπόδειξις, démonstration scientifique, par opposition à ἔλεγχος, simple raisonnement dialectique, réfutation.

ἀπορία, difficulté, problème (I, 2, 315 b 19).

ἀπόφασις, négation, proposition négative (par opposition à κατάφασις).

ἀριθμός, nombre; ἕν ἀριθμῷ, un numériquement, par opposition à ἕν εἴδει (ou λόγῳ), un spécifiquement; ἀριθμεῖν, nombrer.

ἀρχή, principe, commencement, opposé à στοιχεῖον et à αἴτιον (I, 1, 314 a 15).

ἀσύμβλητος, incomparable, inadditionnable (se dit des unités du nombre, ou des éléments dans le système d'Empédocle).

τὰ ἀσύνθετα, les natures incomposées (synonyme de τὰ ἁπλᾶ).

ἀσώματος, incorporel.

ἄτομος, insécable, indivisible (synonyme ἀδιαίρετος); τὰ ἄτομα, les individus, ou les *infimae species*, et souvent aussi les atomes de Démocrite.

αὔξησις, accroissement, augmentation, espèce de la κίνησις, selon la quantité (κατὰ ποσόν), et elle s'oppose à φθίσις, décroissement, diminution; τὸ αὐξητικόν, la cause efficiente de l'accroissement, l'agent qui accroît.

αὐτομάτον, *casus*, spontanéité, hasard en général, distinct de τύχη, *fortuna*, hasard dans la pratique humaine, mais souvent employés l'un pour l'autre (II, 6, 333 b 9).

ὁ αὐτός, τὸ αὐτό, identique, le même.

ἀφαίρεσις, retranchement, soustraction, par opposition à πρόσθεσις, addition; τὰ ἐξ ἀφαιρέσεως, les abstractions, les résultats de l'abstraction, par opposition à τὰ ἐκ προσθέσεως, les résultats de l'addition, les êtres physiques.

ἀφή, contact, toucher; ἅπτεσθαι, entrer en contact; ἁπτόν, chose qui en touche une autre (voir ἐφεξῆς).

ἄφθαρτος, incorruptible, impérissable.

ἀχώριστος, non-séparé.

B

βαρύ, lourd, grave, par opposition à κοῦφον, léger.

βιᾴ, par violence, par force, παρὰ φύσιν.

Γ

γένεσις, la génération, le devenir (par opposition à φθοπά, la corruption), qui peut être ἁπλῆ (*simpliciter*, κατ᾽ οὐσίαν) ou τίς (*secundum quid*). La γένεσις rentre dans la notion plus générale de changement (μεταβολή) voir μεταβολή (I, 1, 314 a 7); γίγνεσθαι, naître, devenir, arriver, être; γενητός, générable; τὸ γιγνόμενον, ce qui devient, est engendré, se réalise, est produit.

γένος, genre, par opposition à εἶδος, espèce; τὰ γένη désigne aussi les genres premiers ou catégories.

γῆ, la terre, un des quatre éléments.

γιγνώσκειν, connaître au sens vulgaire, par opposition à ἐπιστασθαι, avoir la connaissance scientifique.

γλίσχρον, visqueux, par opposition à κραῦρον, friable.

γραμμή, ligne (mathématique ou physique).

Δ

τὸ δεκτικόν, le réceptacle (généralement des contraires); δέχεσθαι, recevoir.

διάθεσις, disposition, voir ἕξις.

διαίρεσις, division; διαρεῖν, diviser, distinguer par analyse; διαρετός, divisible; δ. πάντη, absolument divisible.

διάκρισις, séparation (des éléments), par opposition à σύγκρισις, union.

διαλεκτικῶς, voir λογικῶς

διάλυσις, dissolution, par opposition à σύνθεσις, composition, assemblage.

διάνοια, pensée discursive, par opposition à νόησις, pensée intuitive; *actio cogitandi*.

διὰ τί, le pourquoi, opposé au simple ὅτι, qui constate le fait sans l'expliquer.

διαφορά, différence.

διερόν, mouillé, par opposition à ξηρόν, sec, et distingué de βεβρεγμένον, imbibé.

διορισμός, définition disjonctive.

δοκεῖ, δοκοῦντα, il semble bien, l'opinion commune pense que.

δόξα, doctrine, opinion reposant sur le vraisemblable (par opposition à la science, ἐπιστήμη).

δύναμις, puissance, possibilité; δυνάμει, en puissance, par opposition à ἐνεργείᾳ, en acte, ou à ἐντελεχείᾳ, en entéléchie; τὸ δυνατόν, le possible.

E

εἴ, si; avec le futur, se traduit par si l'on veut que.

εἶδος, la forme (synonyme de μορφή λόγος), par opposition à la matière, ὕλη; l'espèce, par opposition au genre, γένος; τὰ εἴδη, les Idées platoniciennes; τὰ γένους εἴδη, les espèces immanentes au genre, au sens aristotélicien, par opposition au τὰ ὑὴ γένους εἴδη, les espèces non immanentes au genre, au sens platonicien.

εἶναι, être, exister, s'oppose souvent à γίγνεσθαι; τὸ ὄν, ens, l'être, ce qui existe; τὸ... εἶναι avec un nom au datif (par exemple τὸ ἀνθρώπῳ εἶναι) signifie l'essence, la quiddité, et est synonyme de τὸ τί ἦν εἶναι ; τὸ τί ἐστι, l'essence d'une chose soit universelle, soit individuelle, le genre dans la définition; τὸ τί ἦν εἶναι, *quod quid erat esse*, la quiddité, la nature, la forme d'un être individuel et concret (τόδε τι) et, à ce titre, rentre dans le τί ἐστι qui en est le genre (II, 9, 335 b 35); τὸ ἁπλῶς ὄν, l'être qui existe absolument, auquel s'oppose τὸ ἁπλῶς μὴ ὄν, le non-être absolu; τὸ μὴ ὄν ἁπλῶς, ce qui n'est pas absolument (tout en existant d'une certaine façon; autrement dit, l'être en puissance).

εἷς, un; τὸ ἕν, l'Un; ἑνότης, unité; ἕνωσις, union, unification; ἕν παρὰ τὰ πολλά, l'Un comme antérieur et extérieur au multiple (sens platonicien); ἕν κατὰ τὰ πολλά, l'Un comme relatif au multiple, ἐπὶ πολλῶν, comme immanent au multiple (sens aristotélicien).

τὸ καθ᾽ ἕκαστον, l'individuel, le particulier, par opposition à τὸ καθόλου, le général, l'universel.

τὸ ἐναντίον, le contraire; ἐναντιότης, ἐναντίωσις la contrariété, l'une des espèces de l'ἀντίθεσις.

τὸ ἐνδεχόμενον, le contingent, synonyme de δυνατόν et par opposition à ἀναγκαῖον.

τὸ οὗ ἕνεκα, le ce pourquoi une chose est, la cause finale.

ἐνέργεια, acte, par opposition à puissance, δύναμις; à distinguer de l'ἐντελέχεια, entéléchie (I, 2, 316 b 21); ἐνεργεῖν, passer à l'acte.

ἐντελέχεια, entéléchie, voir ἐνέργεια.

ἐνυπάρχειν, exister dans, être immanent à; τὰ ἐνυπάρχοντα, les conditions immanentes, les éléments composants.

ἕξις, habitus, manière d'être, disposition permanente, état; s'oppose à privation, στέρησις; se distingue de διάθεσις, disposition passagère, et de πάθος, simple accident, affection fugitive.

ἐπαγωγή, induction, qui tire de données particulières des notions générales.

ἕπεσθαι, suivre, être la conséquence de; τὰ ἑπόμενα, les choses dérivées, les notions secondes; ἑπομενῶς, d'une manière dérivée.

ἐπίπεδον, ἐπιφάνεια, surface géométrique ou physique.

ἐπιστήμη, science, par opposition à la connaissance vulgaire, à la δόξα, simple opinion; τὸ ἐπιστητόν, le connaissable, l'objet de science.

ἔργον, action, et aussi œuvre extérieure produite par l'artiste.

τὸ ἔσχατον, le terme extrême, le sujet prochain et dernier, ou parfois, le plus éloigné.

εὐδιαίρετος, facilement divisible.

εὐθύ, le droit, le rectiligne, par opposition à courbe, καμπύλον; ἡ εὐθεῖα (= γραμμή), la ligne droite.

εὐθύς, immédiatement, sans intermédiaire (II, 3, 330 b 13).

εὐόριστος, facilement limitable, dont la figure s'adapte aisément au contenant (I, 10, 328 a 25).

τὸ ἐφεξῆς, τὸ ἐξῆς, la consécution, la suite; se distingue du contact (ἁφή), du contigu (ἐχόμενον) et du continu (συνεχές), notions dont la suivante implique la précédente (I, 2, 316 b 5).

τὸ ἐχόμενον, le contigu, voir ἐφεξῆς.

Z

ζῷον, animal, ou, plus généralement, être animé (comprenant la plante).

H

ἥμισυς, la moitié (de la ligne, par exemple).

ἠρεμεῖν, demeurer en repos; ἠρέμησίς, mise au repos; ἠρεμία, repos.

Θ

θερμόν, le chaud, θερμότης, la chaleur, par opposition à ψυχρόν, le froid, ψυχρότης, la froidure.

θέσις, position donnée (réelle ou logique); θετός, qui occupe une position, spatial, par opposition à ἀθετός.

θεωρία, étude, contemplation, science en acte; ἐπ. θεωρητική, science théorétique, qui n'est ni pratique, ni poétique, et qui aboutit à la connaissance intuitive; θεωρεῖν, exercer la science, dont on a l'ἕξις.

θιγεῖν, θιγγάνειν, toucher, entrer en contact, appréhender par l'intuition les ἁπλᾶ; θίξις, appréhension immédiate.

τὸ θρεπτικόν, l'âme nutritive, végétative.

I

ἰδέα, Idée platonicienne (plus souvent εἶδος, et surtout le pluriel εἴδη).

ἴδιος, propre, spécial, particulier.

ἴσον, égal, l'égal.

ἴσως, sans doute, et, plus rarement, peut-être. Cf. Bonitz, *Index aristotelicus*, 347 b 32.

K

καθ᾽ αὑτό, par soi, essentiel, par opposition à κατὰ συμβεβηκός, par accident.

τὸ καθόλου, le général, l'universel, opposé à τὸ καθ᾽ ἕκαστον, le particulier, l'individuel.

καί, et; a souvent le sens explicatif de c'est-à-dire.

τὸ καλόν, le beau, le bien (voir τὸ ἀγαθόν).

κατάφασις, affirmation, proposition affirmative, opposé à ἀπόφασις, négation. Voir ce mot et φάσις.

κατηγορία, catégorie, l'un des modes de l'Être; κατηγόρημα, κατηγορούμενον, prédicat, prédicament; κατηγορεῖν, attribuer un prédicat à un sujet.

κάτω, le bas, le centre. Voir ἄνω.

κενόν, le vide.

κίνησις, le mouvement, du genre μεταβολή (v. ce mot), avec lequel il se confond parfois. Mais, *stricto sensu*, la κίνησις comprend seulement l'accroissement (αὔξησις) et le décroissement (φθίσις), l'altération (ἀλλοίωσις), et la translation (φορά). Voir ces mots et I, 1, 314 a 7. – κινεῖν, mouvoir; κινεῖσθαι, être en mouvement, se mouvoir; τὸ κινοῦν, le moteur, la cause motrice ou efficiente; τὸ πρώτως κινοῦν, le Premier Moteur, Dieu; κινούμενον, le mû, le mobile; κινητικός, qui a la faculté de se mouvoir. – κίνησις ὁμαλή, mouvement uniforme; κύκλῳ κίνησις, mouvement circulaire.

κόσμος, le Monde, le Ciel, l'Univers.

κοῦφον, léger, κουφότης, légèreté, opposé à βαρύ, lourd, grave.

κρᾶσις, fusion des liquides, du genre μίξις, mélange en général (I, 10, 328 a 8).

τὸ κρατοῦν, l'élément dominateur (dans le mélange).

κραῦρον, friable, par opposition à γλίσχρον, visqueux.

κύκλος, cercle; κύκλῳ, en cercle, circulaire; ἡ κύκλῳ φορά, la translation circulaire.

κυρίως, principalement, fondamentalement (I, 1, 314 a 10); κύριος, principal, déterminant.

Λ

λεῖον, le poli, opposé à τραχύ, le rugueux.

λεπτόν, le fin, le subtil, opposé à παχύ, le grossier.

λογικῶς, d'une manière abstraite, purement dialectique (sens péjoratif), par opposition à φυσικῶς, d'une manière conforme au réel (I, 2, 316 a 10).

λόγος, concept, notion, essence de la chose dans l'esprit; par suite, définition, forme. Le terme présente à la fois un sens logique et ontologique : c'est l'objet et son expression intelligible. – Raison, argument, opinion, système. – λογισμός, raisonnement, calcul réfléchi.

λοξὸς κύκλος, l'Écliptique.

M

μαθήματα, les sciences mathématiques; τὰ μαθηματικά, les essences mathématiques (points, lignes, surfaces, solides), simples limites des corps (I, 5, 320 b 18).

μάθησις, discipline scientifique, apprentissage, étude.

μαλακόν, le mou, opposé au dur, σκληρόν.

τὸ μανόν, le rare, opposé à τὸ πυκνόν, le dense.

μέγεθος, grandeur, étendue.

μέθοδος, *via et ratio inquirendi*, recherche, marche régulière, discipline, méthode.

τὸ μελλει, ce qui arrivera, au sens futur, distinct de τὸ ἔσται, ce qui sera.

μέρος, partie; ἡ μέρος γένεσις, la génération partielle (*secundum quid*), par opposition à ἡ ἁπλῆ γένεσις, la génération absolue (*simpliciter*).

τὸ μέσον, le milieu (entre deux contraires); le moyen terme (d'un syllogisme); le centre (de l'Univers).

μεταβολή, changement en général, comprend la γένεσις et la φθορά et leurs espèces, ainsi que la κίνησις et ses espèces (voir ces mots) (I, 1, 314 a 7).

μεταξύ, intermédiaire (en parlant des éléments, ou des contraires); τὰ μεταξύ, les choses mathématiques, intermédiaires <entre le monde des Idées et le monde sensible>, selon Platon.

μέτρον, la mesure, l'unité de mesure.

μίξις, le mélange en général, la mixtion, dont la κρᾶσις (voir ce mot) est une espèce; τὸ μικτόν, le mélangeable, ou encore le résultat du mélange, le mixte; τὸ μιγνύμενον, l'élément composant, le mélangeable; τὸ μιχθέν, le mixte, résultat du mélange (I, 10, 327 b 30).

μονάς, l'unité (dans le nombre).

μορφή, synonyme de εἶδος, forme, figure. Signifie plus précisément les contours de l'objet (I, 5, 320 b 17).

N

νόησις, la pensée intuitive, par opposition à διάνοια, pensée discursive; τὰ νοητά, les choses intelligibles.

νοῦς, l'Intelligence, l'intellect, la pensée; c'est la partie supérieure, et séparée, de la ψυχή; signifie souvent raison intuitive.

τὸ νῦν, l'instant; οἱ νῦν, les philosophes d'aujourd'hui; νῦν δέ, en fait, en réalité.

Ξ

ξηρόν, le sec, opposé à ὑγρον, l'humide et à διερον, le mouillé.

Ο

ὄγκος, masse.

οἰκεῖος, propre, spécial, approprié à.

τὸ ὅλον, le Tout, *universitas rerum.*

ὁμογενής, de même genre, homogène; ὁμοειδής, de même espèce, spécifiquement identique.

τὰ ὁμοιομερῆ, les homéomères, parties de même nature, opposé à ἀνομοιομερῆ, anémomères (I, 1, 314 a 19).

ὅμοιον, semblable.

τὰ ὁμολογούμενα, les choses sur lesquelles tout le monde est d'accord; les concordances.

ὁμώνυμον, homonyme, équivoque, par opposition à συνώνυμον, synonyme, univoque, à πολυώνυμα et aux πρὸς ἕν (ou καθ᾽ ἕν) λεγόμενα (I, 1, 314 a 20).

ὅπερ (avec εἶναι), ce qui appartient à l'essence même de la chose, indépendamment des qualités; ὅπερ ἕν, ὅπερ ὄν, l'un en tant qu'un, l'être en tant qu'être.

τὰ ὄργανα, les organes, synonyme de ἀνομοιομερῆ (voir ce mot).

ὁρισμός, ὅροσ, définition, expression du λόγος.

ὅτι, voir διὰ τι.

οὐρανός, Univers physique, Ciel, Cosmos.

οὐσία, substance en général. Substance matérielle; substance formelle, essence, forme; substance concrète composée, synonyme de τόδε τι et de χωριστόν (I, 1, 314 b 14).

Π

πάθημα, πάθος, affection, qualité [πάθημα et πάθος ont la même signification; pourtant (Bonitz, *Index aristotelicus*, 554 b 26 *sq.*), *usum voc* πάθος, *excedit* πάθημα, *ubi non motum et mutationem, sed ejus causam significat*] ; πάθος καθ' αὑτό, attribut, propriété, qualité essentielle (voir συμβεβηκός); παθητικόν, passif, patient.

πάλιν, encore, de nouveau, à son tour.

τὸ πᾶν, l'entier (le corps entier) ; l'Univers, le Cosmos.

πάντη, totalement, complètement, en tous les points, d'une manière exhaustive (I, 2, 316 a 15).

πάσχειν, pâtir, subir, opposé à ποιεῖν, agir; τὸ πάσχον, le patient, opposé à τὸ ποιοῦν, l'agent.

παχύ, le gros, opposé à λεπτόν, le fin.

τὸ περιέχον, le milieu ambiant.

πεπηγόν, condensé, par opposition à ὑγρόν, humide.

πέρας, limite ; πεπερασμένον, limité.

πῆξις, congélation (changement en bloc).

πλῆθος, la multiplicité, opposé à τὸ ἕν, l'Un ; τὰ πολλά, le multiple, a le même sens.

ποιεῖν, faire, agir, opposé à πάσχειν, subir, pâtir ; τὸ ποιοῦν, l'agent, la cause efficiente, opposé à τὸ πάσχον, le patient ; ποιητικόν, actif, opposé à παθητικόν; ποίησις, réalisation, fabrication, création d'une œuvre extérieure à l'artiste, par opposition à πρᾶξις, action immanente à l'agent. (Dans le même sens, ἐπιστήμη ποιητική).

ποιόν, quel, la qualité, catégorie de l'Être.

πολύ, beaucoup; ὡς ἐπὶ τὸ πολύ, le constant, l'habituel, ce qui arrive le plus souvent (II, 6, 333 b 6), opposé à ἀει, ce qui arrive toujours, et à συμβεβηκός, accident; τὰ πολλά, le multiple, la multiplicité sensible (voir ἕν).

πόροι, les pores.

ποσόν, la quantité, catégorie de l'Être.

ποῦ, le lieu, où, catégorie de l'Être.

πρᾶξις, voir ποίησις.

προαίρεσις, choix libre et réfléchi.

τὰ πρὸς ἕν (ou καθ' ἕν) λεγόμενα, homonymes se rapportant à une certaine nature commune, intermédiaires entre les synonymes et les homonymes (I, 6, 322 b 32).

πρὸς τι, le relatif, la relation, l'une des quatre espèces de l'ἀντίθεσις.

πρόσθεσις, addition; τὰ ἐκ προσθέσεως, les résultats de l'addition, les êtres physiques; opposé à ἀφαίρεσις, abstraction, retranchement, et à τὰ ἐξ ἀφαιρέσεως, les abstractions et résultats de l'abstraction.

πρότερον et ὕστερον, l'antérieur et le postérieur, l'avant et l'après.

πρῶτος, premier, soit en importance, soit chronologiquement; prochain (genre prochain, par exemple); le plus éloigné (la cause première); πρώτη οὐσία, substance première, celle qui n'est pas l'attribut d'une autre chose (syn. ἁπλοῦς); τὰ πρῶτα, les réalités éternelles (τὰ ἀΐδια) ou les principes (ἀρχαί) d'une chose, ou ses éléments (στοιχεῖα); πρώτως, immédiatement, primitivement, au sens fondamental et premier.

πυκνόν, le dense, opposé à μανόν, le rare.

πῦρ, le feu, l'un des quatre éléments.

Σ

σημεῖον, στιγμή, le point (I, 2, 317 a 11).

σκληρόν, le sec, opposé à ὑγρόν, l'humide.

στάσις, repos.

στερεόν, le solide mathématique ou physique.

στέρησις, la privation (de la forme), opposé à ἕξις, et l'une des espèces de l'ἀντίθεσις.

στιγμή, voir σημεῖον.

στοιχεῖον, l'élément immanent, par opposition à ἀρχή, principe extérieur à la chose.

σύγκρισις, union, opposé à διάκρισις, séparation.

συμβαίνειν, arriver, suivre logiquement; συμβεβηκός, accident; συμβεβηκότα καθ᾽ αὑτά, accidents essentiels de la chose (synonyme de πάθη, ὑπάρχοντα).

συμβλητός, comparable, additionnable, opposé à ἀσύμβλητος.

σύμβολα, tessères, facteurs complémentaires (II, 4, 331 a 24).

συμπλοκή, liaison.

σύμφυσις, symphyse, connexion naturelle et organique.

συναίτιον, cause adjuvante, condition.

τὸ συνεχές, le contenu, s'oppose à τὸ ἐχόμενον, le contigu, comme à son genre (voir τὸ ἐφεξῆς).

σύνθρεσις, composition, assemblage, synthèse, combinaison, opposé à διάλυσις, dissolution, à διάκρισις, séparation et à διάιρεσις, division; τὰ σύνθετα, les <corps> composés, par opposition à τὰ ἁπλᾶ, les natures simples.

τὸ σύνολον, le composé concret (de matière et de forme).

συνώνυμον, synonyme, univoque, opposé à ὁμώνυμον (voir ce mot et I, 1, 314 a 20).

συστοιχία, colonne, série, rangée (I, 3, 319 a 15).

σχῆμα, figure, contour extérieur. Souvent synonyme de εἶδος, qui l'accompagne; τὰ σχήματα désigne aussi les atomes de Démocrite.

σῶμα, corps mathématique ou physique; τὰ ἁπλᾶ σώματα, les corps simples, les éléments; τὰ μικτὰ σώμ., les corps mixtes, composés; τὰ φυσικά σώμ., les corps naturels; τὰ ἔμψυχα σώμ., les corps animés, etc.

σῶρος, tas, agrégat, pure juxtaposition sans principe unificateur.

T

τέλος, fin; τέλειος, qui a atteint sa fin, achevé, parfait.

τέχνη, art.

τί ἐστι (voir εἶναι).

τόδε τι, la chose déterminée, individu concret et séparé; parfois la substance ou même la forme (I, 3, 317 b 9). Voir οὐσία.

τὸ τοιόνδε, *quale quid*, l'être ayant telle qualité, le τόδε τι avec tel attribut.

τόπος, le lieu; ὕλη τοπική (voir ὕλη).

τρέφειν, nourrir; τρέφεσθαι, se nourrir; τροφή, *nutrimentum*; τὸ τρεφομένον, l'animal nourri.

τύχη, fortune. Voir αὐτόματον.

Y

ὑγρόν, l'humide, opp. à ξηρόν, le sec; ὑγρότης, humidité.

ὕδωρ, l'eau, l'un des quatre éléments.

ὕλη, matière, ayant souvent le sens de sujet (ὑποκείμενον), I, 1, 314
  b 17; ὕλη αἰσθητή, matière sensible; ὕλη νοητή, matière
  intelligible; ὕλη τοπική, matière locale; πρώτη ὕλη, matière
  première au sens absolu (*materia prima*), et plus souvent au sens
  relatif (*materia signata*); ἐσχάτη ὕλη, matière prochaine, apte à
  recevoir immédiatement la forme.

ὑπάρχειν, appartenir à, être, exister; τὰ ὑπάρχοντα, les propriétés,
  les attributs, les accidents.

τὸ ὑπερέχον, ὑπεροχή, l'excès, par opposition à τὸ ὑπερεχόμενον,
  ἔλλειψις, le défaut, ce qui est surpassé.

ὑπόθεσις, hypothèse, parfois prémisse; ce qui sert de fondement à une
  science.

τὸ ὑμοκείμενον, le sujet, le substrat, siège des contraires; peut être
  soit matière, soit forme, soit σύνολον.

ὑπόληψις, croyance, jugement, opinion ayant un caractère
  d'universalité.

ὕστερον, voir πρότερον.

Φ

τὸ φαινόμενον, τὰ φαινόμενα, ce qui apparaît, les faits observés; en
  opposition parfois avec τὸ ὄν, ce qui est.

φάσις, énonciation en général; se confond souvent avec l'affirmation
  (κατάφασις).

φθίσις, décroissement, diminution; opposé à αὔξησις (voir ce mot et
  κίνησις).

φθορά, corruption, destruction, opposé à γένεσις; φθορὰ ἁπλῆ,
  corruption absolue, *simpliciter*; φθ. τουδί ou τινος, corruption
  secundum quid; τὸ φθαρτόν, le corruptible; φθαρτικός,
  destructeur; φθείρεσθαι, être détruit.

φορά, mouvement de translation, espèce de la κίνησις (κ. κατὰ τόπον); τὸ φερόμενον, l'objet transporté.

φύσις, nature, réalité, substance; φυσικῶς, d'une manière conforme au réel, opposé à λογικῶς (voir ce mot); παρὰ φύσις, conforme à la nature; τὰ φυτά, les êtres vivants, et plus précisément, les plantes.

X

χρόνος, le temps, la durée (II, 10, 337 a 25).
χωρίς, à part, séparément; χωριστός, séparé.

Ψ

ψεῦδος, faux.
ψυχή, âme.
ψυχρόν, froid; ψυχρότης, froidure, opposé à θερμόν, chaud, et θερμότης, chaleur.

Ω

ὡς, tout se passant comme si, les faits exposés supposant que, attendu que, vu que, etc.

TABLE DES MATIÈRES

INTRODUCTION 9

BIBLIOGRAPHIE 19

LIVRE I 23

LIVRE II 117

INDEX 175

TABLE DES MATIÈRES 191

ACHEVÉ   D'IMPRIMER
EN OCTOBRE 2005
PAR   L'IMPRIMERIE
DE LA MANUTENTION
A MAYENNE
FRANCE
N° 243-05

Dépôt légal : 4ᵉ trimestre 2005